# 小売業の国際化要因

―市場拡大時代における日本小売業の将来性―

横井 のり枝

流通経済大学出版会

# 目　　次

はじめに ……………………………………………………………………………… 1

## 序　章　本書の目的と構成 …………………………………………………… 5

1．本書の目的　　6
2　本書の構成　　9
3．小売業の国際化定義　　11
4．研究対象とする小売業態　　13
5．小売業態分類　　16

## 第1章　小売業における国際化と課題 ……………………………… 19

第1−1節　現在の国際化状況 ………………………………………………… 20

第1−2節　国際化過程と発展 ………………………………………………… 30
1．欧州食品小売業　　30
2．アメリカ食品小売業　　34
3．日本の食品小売業　　36

第1−3節　国際化進展における課題 ………………………………………… 41

第1−4節　日本食品小売業の国際化課題 …………………………………… 43
1．本社所在国別食品小売業の国際化　　43
2．日本食品小売業の国際化が推進されない理由　　46
3．考察　　47

第1−5節　日本食品小売市場の課題 ………………………………………… 47
1．小規模小売業保護政策と生産性の低下　　47
2．欧米主要各国における小売業規制　　50
3．市場効率化とその効果　　51

iii

## 第2章　小売国際化の既存研究 61

### 第2−1節　小売国際化研究の発展 62
### 第2−2節　国際化決定要因研究 64
1．概念化研究　64
2．実証研究　66
### 第2−3節　国際化推進要因研究 67
1．概念化研究　67
2．実証研究　73
### 第2−4節　今後の研究課題 76

## 第3章　小売国際化要因 81

### 第3−1節　仮説 82
### 第3−2節　分析 88
1．データ　88
2．分析対象　89
3．使用データと分析手法　91
4．分析結果　93
### 第3−3節　結果より導き出される国際化要因と今後の課題 97

## 第4章　所有特殊的要因としてのPB 101

### 第4−1節　小売業にとってのPB 102
1．PBとは　102
2．PBの発展　103
3．PBを展開する食品小売業態　106
4．PBを巡る競争　107
5．PBと国際化　111
### 第4−2節　世界各国と日本の食品市場におけるPBの現状 111
1．各国のPB比率　111

目　　次

　　２．日本小売業の PB 導入理由　113

　　３．世界各国における PB 比率の差異と
　　　　PB 導入による収益性　114

　　４．分析に向けて　115

　第４－３節　実証分析 ·················································116

　　１．分析対象と分析手法　116

　　２．使用データと対象小売業　119

　　３．分析結果　120

　第４－４節　考察 ························································123

　補　　足 ···································································124


# 第５章　小売国際化成功要因 ·······························127

　第５－１節　国際化における目的とゴール ··············128

　第５－２節　成功要因仮説 ···································130

　　１．海外市場への距離／地域性　130

　　２．市場への参入順　130

　　３．市場参入形式　133

　　４．所有特殊的優位性　134

　　５．資金調達力　135

　　６．本国市場における競争力　137

　第５－３節　分析 ·······································137

　　１．分析手法　137

　　２．分析対象　138

　　３．分析期間　139

　　４．使用データ　139

　　５．変数とその特徴　142

　　６．分析結果　147

　第５－４節　考察 ·······································151


# 第６章　海外市場における流通システム構築 ·················155

　第６－１節　日本食品産業の海外市場進出における課題 ·······156

第6－2節　食品流通におけるサポート機能と国際化 ⋯⋯⋯⋯ 160

第6－3節　海外事業サポート機能の有効性と課題 ⋯⋯⋯⋯⋯⋯ 161

# 第7章　日本食品小売業の将来性 ⋯⋯⋯⋯⋯⋯⋯⋯⋯⋯⋯⋯⋯⋯⋯ 169

第7－1節　研究を通して ⋯⋯⋯⋯⋯⋯⋯⋯⋯⋯⋯⋯⋯⋯⋯⋯⋯⋯ 170

第7－2節　本書の限界と今後の課題 ⋯⋯⋯⋯⋯⋯⋯⋯⋯⋯⋯⋯ 172

第7－3節　日本食品小売業の国際化への課題 ⋯⋯⋯⋯⋯⋯⋯⋯⋯ 173

参考文献 ⋯⋯⋯⋯⋯⋯⋯⋯⋯⋯⋯⋯⋯⋯⋯⋯⋯⋯⋯⋯⋯⋯⋯⋯⋯⋯⋯⋯ 177

おわりに ⋯⋯⋯⋯⋯⋯⋯⋯⋯⋯⋯⋯⋯⋯⋯⋯⋯⋯⋯⋯⋯⋯⋯⋯⋯⋯⋯⋯ 187

# はじめに

　食品小売産業は、長らくドメスティックな産業と言われてきた。とくに文化・習慣による嗜好性が色濃く出る食品を取り扱う小売業は、文化・習慣の異なる海外市場に進出し店舗を展開していくのは難しいと評価されていたからである。それでも食品小売業は海外市場進出に向かった。今から60年以上前のことである。当初は、欧州企業による欧州域内の隣国、あるいはアメリカ企業による隣国メキシコへの進出などの近隣諸国への進出が中心であった。しかしその後、徐々にその進出地域を広げていった。このような海外市場進出が一気に加速したのは、1990年代から2000年代である。これまでは西側先進国内における進出に留まっていたが、ベルリンの壁崩壊により開放された東欧圏市場、さらには経済成長が期待されるアジア市場や中南米市場へと物理的に広がった市場への進出を目指したためである。

　この加速的な海外市場進出を牽引したのは、世界の主力食品小売業である。150年以上前に創業し、いわゆる老舗企業といわれる食品小売業は世界各国に存在するが、現在でも世界のトップに君臨する企業の多くは、20世紀の創業である。これら企業が国内市場で十分な力をつけ、1990年代から海外市場進出を積極化したのである。

　一方、日本の食品小売業の海外進出は、今から40年以上前にはじまる。現在、世界的にみても売上高上位に位置する企業はあるが、海外市場進出の視点からみると欧米企業に大きく遅れをとっている。日本市場において今後も経済成長が見込まれるのであれば、国際化に消極的であっても問題はない。しかし、すでに明らかな将来的な人口減

少、そして少子高齢化により、かつてのように国内市場規模の拡大は見込めない。それゆえ、これまで国際化に消極的であった企業においても、海外市場進出は考慮すべき企業戦略のひとつという捉えられ方が広がっている。

しかしながら、すぐに国際化に積極的になれるわけではないだろう。可能性があるとはいえ、未知の市場に巨額の投資を行うことは大きな決断を要する。また、すべての小売企業が世界No.1売上高を誇るウォルマートのようになれるわけではない。ウォルマートになる必要もない。実際に、ウォルマート自身もいくつかの海外市場撤退を経験している。ある企業を真似るだけで国際化が成功するわけではないことは、明らかである。

では、これから国際化をするには、国際化を発展させるには、どうすれば良いのであろうか。

これまで小売国際化に関する研究は、国内外の研究者により数多く積み重ねられてきた。しかし、ケーススタディにより実態を理論化する研究が主体であり、実証的な研究は非常に乏しいとも指摘されてきた。つまり、多くの理論化された研究は実証分析が十分になされず、検証されていない状況にある。理論的にはそうなのかもしれないが、一般的にそう言えるとは、実証されていないのである。


本書は、実際に海外市場進出を考慮する小売企業が抱える課題と、これまでに小売国際化研究において理論的に検討された課題を実証分析により検証することにより、小売国際化要因を見い出すことを目指したものである。

国際化要因はひとつ、ふたつに限らず、また多角的な分析が求められることから、本書は研究の第一歩である。しかしながら、国際化に興味はあるが何を基準にすればよいのかと考える小売企業および関連

はじめに

企業にとって、本書が今後の国際化を考慮し、戦略を立てる際の一助
となれば、幸いである。

# 序 章　本書の目的と構成

## 1．本書の目的

　日本はいわゆるガラパゴス化しているといわれる[1]。携帯電話事業
を例にあげると、日本の携帯電話端末機メーカーは、国内で求められ
る消費者のニーズに応じて高度な機能を機器に搭載してきた。よって
日本市場における市場シェアは高かった。しかし、単純機能で低価格
という世界的なニーズには合致せず、国際市場での競争力を高めるこ
とができなかった。その後、タブレット型などの次世代携帯電話端末
機の開発競争にも遅れをとり、国際市場はおろか、日本市場でも海外
メーカー機種にシェアを奪われ、いまや携帯電話事業そのものから撤
退する日本のメーカーも出てきている。

　これは製造業に限ったことではない。乾・横井（2008）は、日本国
内における製造業は非製造業に比べれば約２倍も国際化が進んでお
り、非製造業のほうが国際化に非積極的であると指摘する[2]。非製造
業の中で最も就業人口数の多い小売業に目を向けてみると、イオンや
イトーヨーカ堂、セブン－イレブン、ファーストリテイリングなど、
業界の大手企業のうちでも最大手企業が海外市場進出を行っている。
日本市場との文化習慣の差異から生じる課題を解決していきながら、
これら企業は海外市場において、一店舗目の収益性が安定するまで様
子をみる傾向にある。こうして、店舗の収益性が保てると少しずつ店
舗数を増やしていく。これに対して競合となる欧米企業は、M&A や
合弁会社の設立などにより、店舗数を短期間に増やしていく戦法をと

---

（1）　ある種類の製品がひとつの国で独自に進化し、国際的な標準と合わなくな
　　ることを指す。その製品の国際競争力が弱くなることにつながりかねないと
　　危惧される。エクアドル沖のガラパゴス諸島で生物が独自の進化を遂げてい
　　ることになぞらえ、ガラパゴス化と呼ばれている。
（2）　本書における引用の出所は、巻末の参考文献を参照のこと。

ることが多い。そのため、日本企業の出店スピードは欧米企業に比べると遅く、国際市場での競争力が弱い。一方、海外小売業による日本市場参入をみると、世界有数の小売業であるウォルマート（Walmart Stores, 以下、Walmart）やカルフール（Carrefour）、玩具小売業トイザらス（Toys"R"Us）、ドラッグストアのブーツ（Boots（現 Walgreens Boots Alliance））など、世界各国に進出している企業が日本にも進出した。しかし、すでに撤退している企業も多い。つまり、海外市場に進出するアウトバウンドも、日本市場への参入であるインバウンドも成功しているとはいえない。日本小売企業による日本国内市場での生存というガラパゴス化状態に陥っている。

　国内市場が経済成長過程にあるのであれば、国際化が進展しない現状は大きな問題には至らないかもしれない。しかし、今後日本の人口は減少が進む見通しである。2010年（平成22年）の国勢調査の結果を受けて国立社会保障・人口問題研究所が2012年に発表した日本の将来推計人口結果によれば、2010年に1億2,806万人いた人口が50年後の2060年には32.3％減の8,674万人になると予測されている。[3] さらに同推計期間における生産年齢人口（15−64歳人口）は、8,173万人から4,418万人と45.9％の減少が予測されている。よって、今後も日本国内における継続的かつ発展的消費が見込めるという予測は成り立たない。元来ドメスティックな産業といわれる小売業にとって、当該市場である国内市場の人口減少予測はビジネスチャンスの減少を示唆する。

　そのような事情もあり、2007年に経済産業省の新流通産業研究会は、流通産業は地域づくりに貢献し、かつグローバル競争に挑戦することが新しい流通産業の姿であるとする報告書をまとめ、「新流通ビ

---

（3）　同所ホームページにおける「日本の将来推計人口」（2012年1月推計）の数値を引用している。

ジョン」として刊行した。(4)流通産業が製造業から消費者に効率的に商品を供給する役割から、消費者のライフスタイルづくりを牽引し、ヒト・カネ・モノ・情報の接点となり、また国際展開による日本の生活文化発信と更なる成長のための市場展開を目指すべきという方向性と課題を示したものである。つまり、国の政策として、小売業国際化の推進を検討しはじめたのである。しかし、現在までに日本小売業の国際化が進展している状況にはない。

　同じ先進国である欧米の小売業は、積極的な海外進出を行っている。それは、海外市場において標準化戦略を取りやすいといわれる家電や衣類等の非食品小売業だけではない。市場ごとに消費者の嗜好が異なることから、当該市場にて適応化戦略が求められる食品を取り扱う小売業も含まれる。しかし、日本の小売業の海外市場進出は欧米先進諸国に比べて少なく、他の先進諸国小売業に比してその市場進出規模や海外売上高比率は低い。日本の非製造業、なかでも小売業は社会情勢の変化から国際化の必要性があると指摘され、政府機関が国際化を支援する体制をとっていながら、積極的に海外市場進出をしているとはいえない。そのような状況の中で海外市場進出をしている日本小売業も、欧米小売業に比して海外売上高比率が低く留まっている。なぜ日本の小売業は積極的に海外市場進出をしないのであろうか。一方、国内市場に目をむけると、国際化を阻害する要因が内包されており、それが国際市場で競合に遅れをとっているとの指摘もされている。それらが積極的な海外市場進出を可能にしないのであろうか。

　人口減少による長期的な視点での消費鈍化が予想されるなか、日本小売業にとって国際化は将来的な成長への戦略のひとつになりうる。しか

---

（4）　本書では「国際」「グローバル」の意を「国際」表記に統一する。但し、引用部分は原文のまま用いる。

し、欧米をはじめとする先進各国の小売業に比して国際化は積極化されていない。本書は、その国際化が進展しない要因を探り、国際化進展への鍵を実証分析により明らかにしていくことを目的としている。

　小売国際化に関する研究は、Dawson（1994）や Alexander（1997）などの実態調査研究により、これまでに国際化要因が整理されている。また、Vida（2000）や Wrigley（2000）、川端（2000）や矢作（2007）などにより、ケーススタディが積み上げられ、実態調査が行われることにより、国際化要因や国際化プロセスが概念化、そして理論化されるに至っている。しかし、Wrigley（2000）や Coe（2004）は、製造業に比べて小売業国際化の研究はまだ途上にあると指摘している。そして、矢作（2007）が指摘するように「実証研究による概念の修正と精緻化」が小売業国際化研究の課題とされている。実際に小売国際化の実証研究は、Gielens and Dekimpe（2004）や田村（2004）などに留まり、かつ地域が欧州のみなど、分析対象に制約がある研究が多い。そこで本書では、小売業国際化の歴史と現状を俯瞰し、既存研究をレビューすることにより整理した課題をもとに、広範なデータを利用した実証分析を行う。そしてその結果をふまえて、日本小売業が国際化を推進していくために必要となる要因の一端を解明していく。小売業を含む日本の食品産業が海外進出や進出を考える際に障壁となる現地市場における流通ネットワーク構築の在り方についても検討し、今後の日本小売業の国際化への課題にも言及する。


## 2．本書の構成

　第1章では、世界の食品小売業における国際化の現状とその発展の過程を把握し、課題について考察する。その中で、日本食品小売業における国際化の現状とその過程、また欧米食品小売業の現状や発展と

比較しながら、日本食品小売業の国際化が進展しない現状を明らかにするとともに、国際化の課題を抽出していく。

　第2章では、小売業国際化の既存研究について整理する。とくに研究目的である国際化推進要因の研究については、現在までの研究の発展にとどまらず、第1章で解明した国際化の現状と課題を考慮しながら、今後の研究課題にまで言及したい。

　第3章から第5章までは、現状と既存研究から抽出された国際化の課題や国際化を進めていく要因仮説を、実際の小売業データをもとに分析し、検証を行う。まず第3章では、国際化決定要因の分析を行う。既存研究を基に、海外市場への知識移転を行う小売業を対象とした分析を行い、食品小売業国際化の困難さについて確認をする。次に食品小売業の国際化要因決定分析、さらに国際化を進める要因の分析を行う。これにより、食品小売業国際化の要因を解明する。第4章では、既存研究にて所有特殊的優位性を有すると指摘されながら、事例分析に留まってきたプライベートブランド商品（PB）と小売業の国際化との相関について実証分析研究を行う。第5章では、海外市場進出後の成功要因の分析を行う。海外市場に進出をしても、業績が芳しくなければ進出の意義が失われてしまう。これまでに、海外市場に参入する際の参入市場の選択や参入方式については議論が行われ、研究がされている。また、参入後の現地化プロセス研究も進んでいる。しかし、結果としてどのような要因が現地市場での成功に結びついているのかについての実証的な分析はほとんどない。たしかに限られた地域内を対象にした分析はみられる。しかし、いまや海外市場進出は地域限定ではなく、広範な地域への進出が主流である。この現状を考慮すれば、実態に即した既存実証分析研究は皆無である。今後、この海外市場進出後の成長性要因は、日本食品小売業が海外市場進出を進める際の重要な指標となりうると考える。本書では、海外市場における

成功を定義した上で、広範な海外市場を対象とした分析を行い、海外市場における成功要因を見出す。

第6章では、海外市場における流通システム構築について考察する。小売業国際化を阻害する要因として日本市場と海外市場における流通システムの相違が指摘されている。その現状と課題を抽出し、日本小売業の海外市場における流通システムの在り方について議論する。

最後に、第7章において現状の把握や既存研究から得た課題、その上で行った分析結果をもとに、小売業の国際化および国際化進展の在り方を総括する。小売業の今後の国際化進展への課題を提示するとともに、日本食品小売業の国内外市場に対する将来に向けた戦略について言及をしたい。


## 3．小売業の国際化定義

議論を展開するにあたり、小売国際化の定義について考えておきたい。矢作（2007）は小売国際化を「小売業の諸活動が国境を越え、異なる経済的、政治的、文化的構造をそなえた国際市場に組み込まれていく過程」とし、その中で国際移転する対象は商品、業態、知識の3つに集約されるとしている。業態とは、その小売業が事業のベースとする本国市場で展開されている店舗業態のことであり、知識とは店舗運営や物流システム、経営ノウハウなどを指す。ここで、独自に開発した自社ブランド商品をもつブランドショップや衣料品等の製造小売業は、自らが小売をするのではなく、商品そのものを輸出するビジネスが比較的容易である。国際移転の対象となる商品が店舗販売から分離して国境を越えることができるからである。たとえば、屋号ユナイテッド・カラーズ・オブ・ベネトンとして店舗を運営するイタリアの衣料品小売業ベネトン（Benetton）が販売する自社ブランド商品は、

図：商品ブランド所有の有無による海外移転方法の可能性

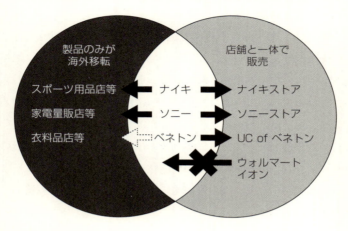

注1：「UC of ベネトン」はユナイテッド・カラーズ・オブ・ベネトンの略
注2：ウォルマート、イオンの一部プライベートブランド商品を除く

そのブランド価値ゆえに店舗から分離して商品そのものを輸出することが可能である。ドイツのスポーツ用品メーカーであるアディダス（Adidas）やアメリカの同ナイキ（Nike）が、自社店舗で販売すると同時に、輸出や現地子会社を通じて各国のスポーツ用品店で自社ブランド商品を販売するのと同じである。しかし食品小売業、たとえば日本のイオンやイトーヨーカ堂、世界売上高第1位のウォルマートや同第2位のカルフールは、一部の自社ブランド商品を除けばメーカーや卸売業から仕入れた商品を販売することが基本であり、商品と店舗の分離不可能性を前提としている。つまり、取り扱う大部分の商品はそれだけで国境を越えることはできず、店舗そしてそれに付随する知識とともに国際移転することになる。商品と店舗の分離不可能性を前提とする企業と分離可能な企業とでは、国際化のアプローチが異なり、同視点での議論は適切とはいえない。そのため、小売業の国際化研究においては業態を絞る、もしくは業態ごとに論じられることも多い。

　　　　　　　　　　　　　　　　　　　序　章　本書の目的と構成

　次項で述べるように、本書は主として食品小売業を研究対象とすることから、商品と店舗の分離不可能性を前提とする小売業態に当てはまる。ゆえに、小売業国際化議論の対象を「商品を含む業態の移転とそれに付随する知識の移転」とする。


## 4．研究対象とする小売業態

　この「商品を含む業態の移転とそれに付随する知識の移転」を前提とする小売業は、食品小売業や家電量販小売業、ドラッグストアなどが含まれる。その中でも本書では食品販売を含む小売業態に着目したい。海外移転する商品を含む業態、それに付随する知識が異なるため、これら業態は皆同じ方法で海外市場進出ができるとは限らないからである。

　まず、小売業が取り扱う商品である。Ratchford（1987）は、商品が思考型と感情型の別により消費者の購買行動が異なり、適切なマーケティングコミュニケーション戦略も異なると指摘している。思考型とは、自動車やパソコン、医薬品など論理的・分析的に購買される商品を示す。これらを購入する際には価格とともに、主要属性が考慮される。たとえば、車であれば燃費率、パソコンであればHDD容量、医薬品であれば有効成分の含有量である。これら属性は数値で優劣を測ることができる。つまり、客観的判断基準を有する商品である。そしてこの基準はほとんどの場合において、国や文化習慣を問わず共通である。よって、これらの商品を海外市場で販売する際には、主要属性を変更する必要性や販売市場先の文化習慣を考慮する必要性が低く、マーケティングの標準化戦略を採ることができる可能性が高い。[5]　一

---

（5）　主要属性を変更する必要性は低いが、現地化は必要である。現地化とは、
　　　現地市場での販売において不可避の対応を指す。たとえば、自動車のハンド
　　　ル位置の変更やパソコンのキーボードの言語表記の変更である。

13

方、感情型とは食品や衣料品など直感的・イメージ的に購買される商品を示す。これら商品が購入されるときには、価格やサイズとともに主要属性が考慮される。たとえば、食品であれば味、衣料品であればデザイン、色である。しかし、これら属性は数値で優劣を測ることができず、あくまで個人の志向により判断される。つまり、購入の客観的判断基準がない商品である。そして、その志向は個人が属する国や文化習慣の影響を受ける。そのため、これら商品を海外市場で販売する際には、各販売市場の文化や習慣に適応させていく適応化戦略を採る必要性が高い。[6]適応化戦略が求められる商品は、主要属性の変更や主要属性に合う市場への参入が求められる。

　次に、業態および付随する知識である。小売業の海外市場参入における戦略として、Salmon and Tordjman（1989）は本国市場と同一の業態や付随知識を参入市場においても実施する「グローバル戦略」と、参入市場別に業態や付随知識を変化させ適応する「マルチナショナル戦略」が存在すると述べている。これは、先の商品における標準化戦略と適応化戦略と同意義であり、商品のみならず業態や付随知識の移転においてもこのような戦略を考慮することが求められる。ただし、中村（2003）は「今日では標準化−適応化は二者択一の問題ではなく、両者をいかにバランスよく同時達成するかが重要な課題として認識されている」と述べ、「小売企業の場合、両者のバランスの取り方は業態によって異なることが想定できる」と加えている。その上で、専門店やコンビニエンスストアなどは基本的には標準化戦略を採り、その中で必要な部分においては適応化戦略を採用し、総合小売業や食品スーパーなどは適応化戦略を基本としながら、可能な部分に関

---

（6）　適応化とは現地市場の状況に合わせて適切に対応していくことを示し、現地化における不可避の対応とは異なる。

序　章　本書の目的と構成

しては標準化を図ることで適度なバランスを達成することが必要だとしている。矢作（2007）も「グローバル戦略を採用する国際的な専門店チェーンにおいても『完全なる標準化』戦略にはおのずと限界があり『部分適応』している例がある」と指摘している。このような中で、この標準化戦略を採っているのは一部の高級ブランド店である。同店が取り扱う衣料品や革鞄などの皮革製品は購入の客観的判断基準がなく、適応化戦略が求められうる。しかし、標準化戦略をとることができている。これについて Aaker and Joachimsthaler（2000）は「最善で高級というポジション」「国というポジション」「純粋な機能的便益」の３つの条件のいずれかに当てはまる場合、世界的に評価されるブランドを有すると述べている。この「最善で高級というポジション」に高級ブランド店が当てはまるため、商品のみならず、店舗内装、商品陳列などの知識に至るまで、標準化戦略を採り海外市場で運営していくことが可能になっている。

　このような事例はあるにせよ、食品小売業は取り扱う商品という点においても業態および付随する知識においても、完全な標準化戦略ではなく、適応化戦略を基本にした上で標準化と適応化のバランスを図りながら海外市場で競合小売業と争うことが求められることがわかる。それは Jain（1989）の指摘する標準化戦略のメリット「コストの節減」「組織の簡素化」「規格の統一化」が、食品小売業にとって容易ではないことを示唆している。

　小売業の国際化と一言で括ることはできても、実際に海外市場に参入し、店舗を展開していく際には取扱商品や店舗業態およびそれに付随する知識の差異により、戦略が異なる。そのため、事例研究をはじめ

---

（7）「純粋な機能的便益」は客観的に優位性が認識されうる機能であり、Ratchford（1987）による思考型の商品が有する主要属性に等しい。

15

小売業の国際化を対象とした既存研究の大半は業態を区分している。以上を基に、本書では食品小売業を中心に国際化要因を議論していく。


## 5．小売業態分類

　本書では経済産業省「商業統計」の業態分類表、産業分類表および商品分類表に基づき、業態を食品小売業とする（右表参照）。ゆえに、食品のみを取り扱っている小売業を対象とするのではなく、食品小売業と分類される企業を研究対象とする。反対に、近年ドラッグストアでは加工食品等が取り扱われている実態はあるが、同業態分類でのドラッグストアは、医療用医薬品（日本標準産業分類の商品分類番号60111）および医療用医薬品（同60121）を取り扱うことが条件であり、食品を取り扱うことについては条件づけされていないことから、本書では食品小売業に含めない。

　一方、アメリカ、イギリスなど欧米を中心とした諸外国の食品小売業については、基準を統一するために、日本の当該業態分類の条件に準じ、該当する企業を食品小売業として研究対象とする。ただし日本の業態分類に明記されていない業態については、同分類の条件に当てはめて、該当する業態を本書における食品小売業として適用する 。

　さらに、同一企業において総合スーパー、ドラッグストアを運営するなど、食品業態だけではなく非食品業態を含めた多業態での店舗を展開している企業が存在する。たとえば、セブン＆Ｉホールディングスは、総合スーパー（イトーヨーカ堂）、コンビニエンスストア（セブン－イレブン）のほか、百貨店（西武百貨店、そごう）なども傘下におさめている。このとき、百貨店は本来であれば本書の研究対象には含まれない。しかし、企業単位での取り組みなどを論じる際には、百貨店事業だけを切り離すことは難しい。そこで、企業の現状把握など

序　章　本書の目的と構成

については、非食品業態も含めた企業単位で論じる。ただし、第3章以降の実証分析においては、対象を小売業とする場合には業態横断の企業データを、食品小売業を対象とする場合には該当する業態の店舗（屋号）のデータを抽出し、それらを明記した上で分析を行う。

表：本書で扱う食品小売業の業態一覧

| 区分 | | 取扱商品 | 売場面積 | その他注記 |
|---|---|---|---|---|
| 総合スーパー | | | | |
| | 大型総合スーパー | — | 3,000m²以上（都の特別区および政令指定都市は6,000m²以上） | 衣・食・住の販売額比率が各々0％以上70％未満の範囲にある事業所 <sup>(注1)</sup> |
| | 中型総合スーパー | — | 3,000m²未満（都の特別区および政令指定都市は6,000m²未満） | — |
| 専門スーパー | | | | |
| | 食料品スーパー | 食が70％以上 | 250m²以上 | — |
| コンビニエンスストア | | 飲食料品を取り扱っていること | 30m²以上250m²未満 | 14時間以上営業 |
| | うち終日営業店 | | | 終日営業 |
| 専門店 | | | | |
| | 食料品専門店 | 商品分類が右記（その他注記）のいずれかを90％以上取り扱っていること | — | 酒、食肉、鮮魚、青果、菓子、米、パン、料理品、豆腐、かまぼこ等加工品、乾物、乾麺、缶詰、牛乳、飲料 <sup>(注2)</sup> |
| 中心店 | | | | |
| | 食料品中心店 | 食が50％以上 | — | 食料品専門店に該当する店を除く |

出所：経済産業省「平成19年度商業統計」における業態分類表、産業分類表および商品分類表より作成

注1：日本標準産業分類の分類番号では衣（商品中分類56）・食（同57）・住（同58〜60）に該当する

注2：日本標準産業分類の分類番号では572, 573, 574, 575, 576, 577, 5792, 5793, 5794, 5795, 5796, 5797, 5799に該当する

17

# 第1章　小売業における国際化と課題

本章では、前提となる食品小売業の国際化の現状とその経緯、および課題を把握する。まず、現在どの程度まで海外進出市場を広げ、また店舗数を拡大しているのかを俯瞰し、ドメスティックな産業で現地適応化が求められる食品小売業の国際化の進展度を確認する。次に、それら食品小売業がいつから国際化を始めたのか、どのような理由で国際化をすることになったのか、そしてどのように進出する海外市場数を増やしていったのか、その経緯と発展過程について明らかにする。その際、欧米食品小売業と日本食品小売業との差異を確認し、日本食品小売業における国際化の特徴と、国際化を推進できない要因の抽出を試みる。最後に、国際化の発展過程と現状から導かれる問題点や課題について整理する。

## 第1-1節　現在の国際化状況

　Deloitte Touche Tohmatsu が毎年発表する世界の小売業売上高ランキング（Global Powers of Retailing（2002; 2003; 2004; 2005; 2006; 2007; 2008; 2009; 2010; 2011））より、2000年から2009年までの10年間のデータから本書で対象とする食品小売業を抽出し、そのうち上位の50社を対象に国際化状況を整理する。

　最初に、2009年の食品小売業の小売売上高上位50社をみると、それら出身国、つまり本国市場は17ヵ国で構成されていることがわかる（表1-1-1）。そのうち、アメリカを本国市場とする小売業が全体の22％を占めている。さらに、このアメリカに加えてフランス、ドイツ、イギリスを本国市場とする小売業で全体の58％と、4ヵ国の小売業が半分以上を占める結果になっている。また上位25社に限ってみると、この4ヵ国の小売業で76％を占めていることから、限られた国を本国市場とする小売業が上位を占めているということがわかる。

第1章　小売業における国際化と課題

　そして、これら上位企業ほど売上高順位は安定しており、ここ10年で大きく変化をしていない。2000年と2009年の順位表を比較すると、2000年の上位25社のうち、実に21社が2009年も25位以内にランクインしているからである（表1-1-2）。残りの4社のうち、2社は統合先の企業や買収をした企業が2009年に25位以内にランクインしている(8)。残りの2社は、49位に留まったテンゲルマン（Tengelmann）および自主再建を断念し産業再生機構による支援を受けたダイエーである。それら4社に代わって2009年度の上位25社入りしたのは、いずれも2000年に上位50社以内に位置した企業である。そのうち2社は、2000年の上位50社内企業を買収したことにより、2009年には上位25社内に入った（表1-1-3）。

　一方、2000年度の26-50位企業をみると、2009年度も引き続き26-50位以内にランクインしている企業が11社、1-25位に順位を上げた企業が3社あり、圏外となった企業は5社、そして被買収企業は6社である（表1-1-4）。1-25位に比して26-50位は企業の入れ替わりが多く、2009年の26-50位のうち12社は、2000年に圏外であった新規ランクイン企業である（表1-1-5）。また、買収企業が順位を上げている。50位以内の企業間で買収や統合が積極的に行われ、この10年で企業がより大規模化している。

　次に、これら小売業の国際化推進状況を確認する。まず、2009年の上位50社における海外市場進出状況をみると、海外市場に進出している企業は33社である（表1-1-1）。一方、海外市場に進出していない企業は17社あり、うち1-25位中に5社、26-50位中に12社となっており、上

---

（8）　2000年第8位で同じアメリカを本国市場とするシアーズ（Sears）と統合してシアーズを名乗ることになったKマート（Kmart）、2000年第38位でこちらも同じアメリカを本国市場とするスーパーバリュ（Supervalu）に買収されたアルバートソンズ（Albertsons）の2社である。

表 1 - 1 - 1 ：食品小売業売上高上位50社（2009年）

| | 小売業名 | 本国市場 | 小売売上高<br>（100万ドル） | 海外進出<br>市場数 |
|---|---|---|---|---|
| 1 | Walmart | アメリカ | 405,046 | 15 |
| 2 | Carrefour | フランス | 119,887 | 35 |
| 3 | Metro Group | ドイツ | 90,850 | 32 |
| 4 | Tesco | イギリス | 90,435 | 12 |
| 5 | Schwarz Group | ドイツ | 77,221 ※ | 24 |
| 6 | Kroger | アメリカ | 76,733 | 0 |
| 7 | Costco | アメリカ | 69,889 | 8 |
| 8 | Aldi | ドイツ | 67,709 ※ | 17 |
| 9 | Target | アメリカ | 63,435 | 0 |
| 10 | Rewe | ドイツ | 61,771 ※ | 12 |
| 11 | Edeka | ドイツ | 55,339 | 0 |
| 12 | Auchan | フランス | 54,057 | 13 |
| 13 | Seven & I Holding | 日本 | 52,508 | 17 |
| 14 | Aeon | 日本 | 49,021 | 8 |
| 15 | Woolworths | オーストラリア | 44,410 | 1 |
| 16 | Sears | アメリカ | 44,043 | 1 |
| 17 | E.Leclerc | フランス | 41,002 ※ | 5 |
| 18 | Wesfermers | オーストラリア | 40,288 | 1 |
| 19 | Safeway | アメリカ | 40,034 | 2 |
| 20 | Ahold | オランダ | 38,945 | 9 |
| 21 | Casino | フランス | 36,549 | 24 |
| 22 | ITM | フランス | 34,071 ※ | 7 |
| 23 | Sainsbury | イギリス | 31,869 | 0 |
| 24 | Supervalu | アメリカ | 31,637 | 0 |
| 25 | Delhaize Group | ベルギー | 25,026 ※ | 5 |
| 26 | Publix | アメリカ | 24,320 | 0 |
| 27 | WM Morrisons | イギリス | 24,200 | 0 |
| 28 | Mercadona | スペイン | 20,086 | 0 |
| 29 | Loblaw | カナダ | 20,070 ※ | 0 |
| 30 | Micros | スイス | 19,918 ※ | 2 |
| 31 | Système U | フランス | 19,692 | 2 |

第1章　小売業における国際化と課題

| | 小売業名 | 本国市場 | 小売売上高<br>（100万ドル） | 海外進出<br>市場数 |
|---|---|---|---|---|
| 32 | El Corte Ingles | スペイン | 18,759 | 4 |
| 33 | Coop Italia | イタリア | 16,495 ※ | 0 |
| 34 | Couche-Tard | カナダ | 16,440 | 8 |
| 35 | Coop Switzerland | スイス | 16,077 ※ | 0 |
| 36 | Marks & Spencer | イギリス | 15,224 | 38 |
| 37 | HE Butt | アメリカ | 15,039 | 1 |
| 38 | Meijer | アメリカ | 14,960 ※ | 0 |
| 39 | Empire Company | カナダ | 14,228 | 0 |
| 40 | Co-operative Group | イギリス | 13,066 | 0 |
| 41 | Conad | イタリア | 12,969 | 1 |
| 42 | S Group | フィンランド | 12,747 | 4 |
| 43 | Bailian | 中国 | 12,257 | 0 |
| 44 | ICA | スウェーデン | 12,230 | 5 |
| 45 | SPAR Austria | オーストリア | 12,221 ※ | 6 |
| 46 | Group Pao de Acucar | ブラジル | 11,819 | 0 |
| 47 | Dollar General | アメリカ | 11,796 | 0 |
| 48 | Uny | 日本 | 11,785 | 1 |
| 49 | Tengelmann | ドイツ | 11,627 | 14 |
| 50 | Kesko | フィンランド | 10,429 | 7 |

出所：Deloitte Touche Tohmatsu（2011）"2011 Global Powers of Retailing"
注1：本書で規定した食品小売業を抜粋して50社を抽出している
　　　また、海外進出市場数も食品小売店舗のみの市場数で再計算している
注2：※はDeloitte Touche Tohmatsuによる推計

位企業になるほど海外市場に進出をしている企業が多い。また、1−25位の平均海外進出市場数は10.1市場、26−50位は同3.6市場である。

　これを2000年から2009年までの10年間でみると、1−25位は10年間で常に平均8市場以上で推移している一方で、26−50社は同平均2市場から4市場に留まっている（図1−1−1）。さらに、既存研究においても多用されているPlanet Retail社のデータを用いて、2000年から2009年までの10年間の上位50社における平均海外売上高比率をみると、2000年には14.9％であった海外市場売上高比率は、2006年には

表1-1-2：2000年食品小売業売上高1-25位企業の2009年時点での状況

| | 小売業名 | 本国市場 | 2009年度の状況 |
|---|---|---|---|
| 1 | Walmart | アメリカ | ◎ |
| 2 | Carrefour | フランス | ◎ |
| 3 | Kroger | アメリカ | ◎ |
| 4 | Metro Group | ドイツ | ◎ |
| 5 | Ahold | オランダ | ◎ |
| 6 | Kmart | アメリカ | △　Sears と統合 |
| 7 | Albertsons | アメリカ | △　Supervalu 他に被買収 |
| 8 | Sears | アメリカ | ◎ |
| 9 | Target | アメリカ | ◎ |
| 10 | Safeway（USA） | アメリカ | ◎ |
| 11 | Tesco | イギリス | ◎ |
| 12 | Costco | アメリカ | ◎ |
| 13 | Rewe | ドイツ | ◎ |
| 14 | ITM | フランス | ◎ |
| 15 | Auchan | フランス | ◎ |
| 16 | Edeka | ドイツ | ◎ |
| 17 | Ito-Yokado | 日本 | ◎　Seven & I Holdings へ改組 |
| 18 | Sainsbury | イギリス | ◎ |
| 19 | Tengelmann | ドイツ | ○　2009年度45位 |
| 20 | Aeon | 日本 | ◎ |
| 21 | E.Leclerc | フランス | ◎ |
| 22 | Daiei | 日本 | ×　産業再生機構による支援 |
| 23 | Aldi | ドイツ | ◎ |
| 24 | Casino | フランス | ◎ |
| 25 | Delhaize Group | ベルギー | ◎ |

出所：Deloitte Touche Tohmatsu（2002; 2011）"Global Powers of Retailing"、各社資料
注：◎＝2009年も1-25社以内にランクイン
　　○＝2009年も26-50社以内にランクイン
　　△＝統合、被買収により企業消滅したが、買収企業が2009年もランクイン
　　×＝2009年には上位50社圏外

第1章　小売業における国際化と課題

表1-1-3：2009年新たに上位25社入りした企業

| 小売業名 | 本国市場 | 順位（2000年→2009年） |
|---|---|---|
| Schwarz Group | ドイツ | 33位→5位 |
| Woolworths | オーストラリア | 32位→15位 |
| Wesfermers | オーストラリア | 27位→18位（00年27位 Coles Group を買収） |
| Supervalu | アメリカ | 37位→24位（00年7位 Albertsons を買収） |

出所：Deloitte Touche Tohmatsu（2002; 2011）"Global Powers of Retailing"

20％を超えた。2007年には再び20％を割ったが、2008年、2009年と上方に転じている（図1-1-2）。

　この平均海外市場売上高比率を海外売上高1-25位の上位企業と26-50に分けてみると、一貫して上位企業の数値が高い（図1-1-3）。先にあげた平均海外進出市場数における上位1-25社と26-50社間の4～7市場差を含め、上位企業ほど国際化に積極的であることがわかる。ここで、2000年に50位までにランクされていた企業のうち、2009年も50位以内にランクされていた39社を抜粋し、同39社の平均海外売上高比率をみてみる。すると同比率は21.5％であり、2009年の50社平均値よりもやや高い（図1-1-4）。さらに、2000年から2009年の中間にあたる年となる2005年の売上高ランキング上位30社を対象に、1-10位、11-20位、21-30位の3つのグループに分けて、1980年から2008年までの平均海外進出市場数をみる（図1-1-5）。すると、1990年までは各グループ間に大きな差はなく、1990年に入ると各グループともその数が増加している。そして2000年代には1-10位企業の平均数が大幅に増加し、他の2グループとの差は2倍以上になっている。

　このように小売業の海外市場進出は上位企業が牽引していることがわかる。そして、上位企業の多くは10年間売上高25位以内を維持している。それは、この10年の間も売上高規模を維持し、上位に名を連ねてきた小売業が国際化を推進してきたことを示している。

25

表 1 - 1 - 4：2000年食品小売業売上高26－50位企業の2009年時点での状況

| | 小売業名 | 本国市場 | 2009年度の状況 |
|---|---|---|---|
| 26 | Publix | アメリカ | ○ |
| 27 | Coles Group | オーストラリア | △　Wesfermars に被買収 |
| 28 | Mycal | 日本 | △　Aeon に被買収 |
| 29 | Winn-Dixie | アメリカ | × |
| 30 | Safeway（UK） | イギリス | △　Morrisons に被買収 |
| 31 | Marks & Spencer | イギリス | ○ |
| 32 | Woolworths | オーストラリア | ◎ |
| 33 | Schwarz Group | ドイツ | ◎ |
| 34 | Uny | 日本 | ○ |
| 35 | Meijer | アメリカ | ○ |
| 36 | Loblaw | カナダ | ○ |
| 37 | Supervalu | アメリカ | ◎ |
| 38 | IFA | スペイン | × |
| 39 | Système U | フランス | ○ |
| 40 | Insieme | イタリア | × |
| 41 | Seiyu | 日本 | △　Walmart に被買収 |
| 42 | Migros | スイス | ○ |
| 43 | Euromadi | スペイン | × |
| 44 | Cora | ベルギー | × |
| 45 | HE Butt | アメリカ | ○ |
| 46 | El Corte Inglés | スペイン | ○ |
| 47 | Coop Italia | イタリア | ○ |
| 48 | Coop Switzerland | スイス | ○ |
| 49 | Somerfield | イギリス | △　Co-operative Group に被買収 |
| 50 | 7-Eleven（Southland） | アメリカ | △　7-Eleven Japan に被買収 |

出所：Deloitte Touche Tohmatsu（2002; 2011）" Global Powers of Retailing"、各社資料
注1：◎＝2009年には 1 －25社以内にランクイン
　　　○＝2009年も26－50社以内にランクイン
　　　△＝統合、被買収により企業消滅したが、買収企業が2009年もランクイン
　　　×＝2009年には上位50社圏外
注2：50位の7-Eleven（Southland）は2000年時点でセブン－イレブン・ジャパンが出資し
　　　ているが、完全子会社ではないため順位に掲載した

第1章 小売業における国際化と課題

表1−1−5：2009年食品小売業売上高26−50位に新たにランクインした企業

| | 小売業名 | 本国市場 | |
|---|---|---|---|
| 27 | WM Morrisons | イギリス | (2000年30位のSafeway(UK)を買収) |
| 34 | Couche-Tard | カナダ | |
| 39 | Empire Company | カナダ | |
| 40 | Co-operative Group | イギリス | (2000年49位のSomerfieldを買収) |
| 41 | Conad | イタリア | |
| 42 | S Group | フィンランド | |
| 43 | Bailian | 中国 | |
| 44 | ICA | スウェーデン | |
| 45 | SPAR Austria | オーストリア | |
| 46 | Group Pão de Açúcar | ブラジル | |
| 47 | Dollar General | アメリカ | |
| 50 | Kesko | フィンランド | |

出所：Deloitte Touche Tohmatsu（2002; 2011）"Global Powers of Retailing"

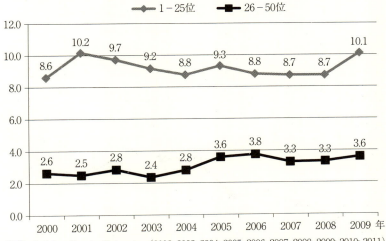

図1−1−1：食品小売業売上高上位50社の平均海外進出市場数

出所：Deloitte Touche Tohmatsu（2002; 2003; 2004; 2005; 2006; 2007; 2008; 2009; 2010; 2011）"Global Powers of Retailing"

27

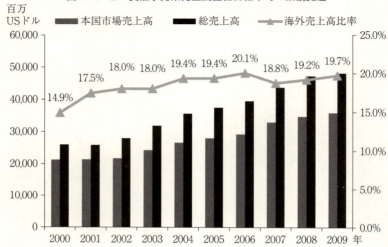

図1-1-2：食品小売業売上高上位50社平均の業績変遷

出所：Deloitte Touche Tohmatsu（2002; 2003; 2004; 2005; 2006; 2007; 2008; 2009; 2010; 2011）"Global Powers of Retailing, Planet Retail "Format Analysis" data

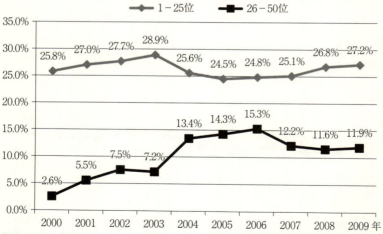

図1-1-3：食品小売業売上高上位50社の平均海外売上高比率

出所：Deloitte Touche Tohmatsu（2002; 2003; 2004; 2005; 2006; 2007; 2008; 2009; 2010; 2011）"Global Powers of Retailing, Planet Retail "Format Analysis" data

第1章　小売業における国際化と課題

図1-1-4：食品小売業売上高上位50社平均の業績変遷

出所：Deloitte Touche Tohmatsu (2002; 2011) "Global Powers of Retailing"

図1-1-5：2005年時点の食品小売業売上高上位30社における平均海外市場進出数

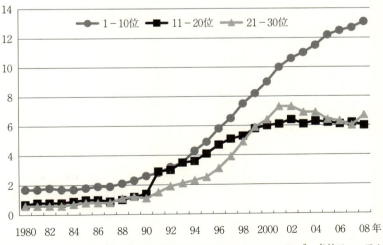

出所：Deloitte Touche Tohmatsu (2007) "Global Powers of Retailing"，各社アニュアルレポート

## 第1-2節　国際化過程と発展

　現状を構成する食品小売業の国際化はどのように発展してきたの
か、その経緯を現在も世界小売売上高50位内に位置する企業を中心に
みていく。その際、地域ごとにその経緯が異なることから欧州、アメ
リカ、日本の3地域・国に分けて整理する。


### 1．欧州食品小売業

　国際化を実現し、世界売上高上位に名前を連ねている欧州食品小売
業の歴史は19世紀後半にさかのぼる。ベルギーのデレーズ（Delhaize）
やドイツのテンゲルマン（Tengelmann）が1867年に、フランスのカジ
ノ（Casino）が1898年に創業している。しかし、同小売業の多くは20世
紀に入ってから誕生している。たとえば、ドイツのアルディ（Aldi）
が1913年、イギリスのテスコ（Tesco）は1924年である。また、世界小
売売上高（2010年）第2位のフランスのカルフール（Carrefour）は1963
年、同第4位であるドイツのメトロ（Metro）は1964年と第2次世界大
戦後の創業である。

　これら欧州食品小売業の国際化は1960年代にはじまった。1967年に
ドイツのアルディが隣国かつ共通言語圏であるオーストリアの小売業
を買収して参入し、翌1968年には同じくドイツのメトロがオランダの
企業とパートナーシップを締結して市場参入をした。1970年代になる
と、フランスのカルフールによるスペイン市場参入をはじめ、西欧各
国への参入が相次いだ。とくに海外市場進出の早かったドイツの食品
小売業が積極的に市場の拡大を進めた。このように陸続きで本国市場
に近い市場への参入を主体としつつ、距離としては遠いアメリカにも

30

第1章　小売業における国際化と課題

図1-2-1：1960-70年代の海外進出先（ドイツ，フランス食品小売業）

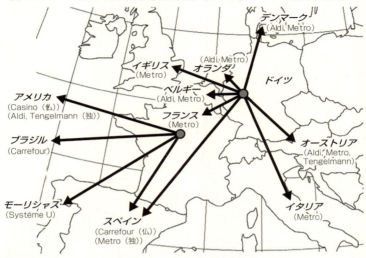

出所：各社アニュアルレポート、ニュースリリース等より作成

図1-2-2：1960-70年代の海外進出先（イギリス、オランダ、ベルギー食品小売業）

出所：各社アニュアルレポート、ニュースリリース等より作成

31

図1-2-3：1990年代の東欧市場進出先（イギリス、ドイツ食品小売業）

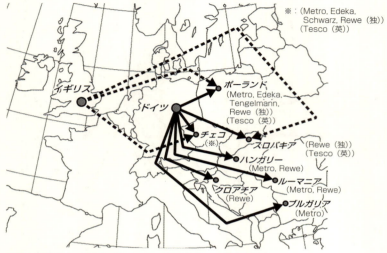

出所：各社アニュアルレポート、ニュースリリース等より作成

図1-2-4：1990年代の東欧市場進出先（フランス、オランダ、ベルギー食品小売業）

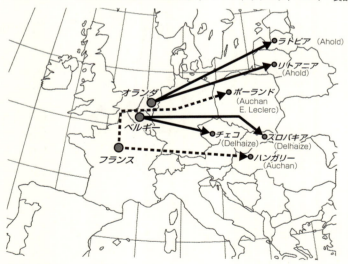

出所：各社アニュアルレポート、ニュースリリース等より作成

第1章　小売業における国際化と課題

進出した。たとえば、ベルギーのデレーズは1974年に、またオランダのアホールド（Ahold）は1977年に、より経済規模の大きな市場を求めてアメリカ市場に参入した。1970年代までに海外市場進出をした9社のうち5社がアメリカ市場に進出している。こうしてカルフールやメトロなど、現在も売上高上位に位置する欧州小売業の多くは1980年代までに西欧やアメリカなどの先進国市場に進出した。

　そして1990年代に入ると、これら小売業は次なる市場として東欧、アジア、中南米に目を向けた。中南米市場には一部小売業が1970年代から参入していた歴史はあるが、東欧とアジアは1990年代に参入が開始された。距離的に近い東欧では、第2次世界大戦後の東西冷戦の象徴ともされたベルリンの壁が1989年に崩壊した。これを契機に市場が開放されたことを受け、小売業各社は同市場進出を開始した。また、アジア市場は1980年代後半からの経済成長を背景に、カルフールが1989年に台湾に進出し、その後1994年にマレーシア、1995年に中国へと市場を拡大している。1996年以降になると、アホールドやカジノ、メトロなども進出していった。1997年に起こったタイ・バーツの変動相場制移行に端を発してアジア諸国に波及した通貨危機により、さらに欧州小売業の資本がアジア市場に投下された。

　2000年代に入ると、今度は中東やアフリカ市場に進出した。今後経済成長が見込める市場に対して、早期に進出している。

　一方、ドイツ、フランス、ベルギー、オランダ、イギリス以外の国を本国市場とする食品小売業は、1990年代から西欧諸国、そして東欧諸国に進出した。デンマークのダンスク（Dansk Supermarked）は1990年にドイツ、イギリスに、1995年にはポーランドに進出し、スイスのミグロス（Migros）は1993年にフランスに進出している。さらに2000年に入ると、イタリアのコープ（Coop Italia）がクロアチアに、スペインのエル・コルテ・イングレス（El Corte Inglés）が隣国のポ

33

ルトガルに進出するなど、ドイツやフランスなどの小売業ほどの積極
的な推進ではないが、後を追って国際化を進めている。

　欧州食品小売業は、本国市場に近い西欧やアメリカからはじまって
1990年代までに、東欧、アジア、中南米市場、そして2000年代には中
東、アフリカ市場にまで進出市場を拡大していき、現在のような国際
化を実現したのである。


## 2．アメリカ食品小売業

　次にアメリカの食品小売業の国際化経緯を見ていきたい。食品小売
業の歴史は欧州同様に19世紀にさかのぼるが、現在も世界売上高上位
に名を連ねる企業の多くは20世紀の創業である[9]。その中で最も歴史
がある食品小売業がセーフウェイ（Safeway）で、1915年の創業であ
る。世界小売売上高（2010年）第1位のウォルマートは1962年、同第
8位のコストコは1976年と第2次世界大戦後の創業である。

　これら小売業が国際化をはじめたのは1940年代である。シアーズ
（Sears）が近隣諸国である中米のキューバ、メキシコに参入し、その
後欧州にも進出した。しかし、1980年代にその多くを売却している。
また、セーフウェイは1962年に同言語圏であるイギリスに進出した。
しかし、こちらも1980年代に売却して同市場から撤退している。

　その後の国際化行動は1980年代中盤以降となる。まず、1985年には
コストコがカナダに進出した。欧州食品小売業による初期の海外市場
進出と同様に、近隣諸国や共通言語圏への進出である。世界小売売上
高第1位のウォルマートは、1990年代に入ってから海外市場進出を開

---

（9）　世界売上高上位50社に含まれないアメリカ食品小売業では、1859年創業の
　　　The Great Atlantic and Pacific Tea Company 等、さらに歴史を持つ食品小
　　　売業がある。

34

第1章 小売業における国際化と課題

図1-2-5：1980-1990年代の主な海外進出先（アメリカ食品小売業）

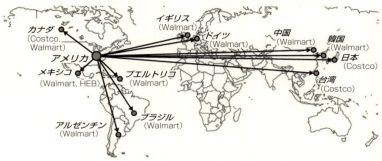

出所：各社アニュアルレポート、ニュースリリース等より作成

図1-2-6：2000年代の海外進出先（アメリカ食品小売業）

出所：各社アニュアルレポート、ニュースリリース等より作成

図1-2-7：2000年代の海外進出先（アメリカ以外の北中南米食品小売業）

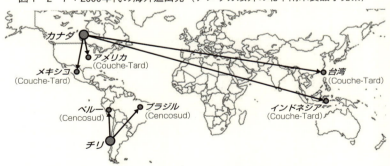

出所：各社アニュアルレポート、ニュースリリース等より作成

始した。最初は隣国のメキシコで、現地企業との合弁により1991年に
進出した。その後1995年までの間に、プエルトリコ、ブラジル、カナ
ダ、アルゼンチンと北中南米市場に進出した。1990年代後半以降にな
ると、アジア市場である中国と韓国そして日本、欧州市場であるイギ
リス、ドイツと、積極的に海外市場に進出した。同時期にはコストコ
も韓国や日本、台湾に進出している。

## 3. 日本の食品小売業

　日本食品小売業の海外市場進出は、1970年代のヤオハン、ダイエー
にはじまる。とくにヤオハンは、アメリカをはじめ中南米と距離が遠
く、言語の共通性に乏しい国への進出からはじめている。アジアや欧
州のイギリスにも進出し、1980～1990年代の日本食品小売業の国際化
を牽引した。

　その1980年代には、日本経済の好調に加えて台湾が消費ブームに沸
くなどアジア市場が注目されたことから、他の食品小売業による海外
進出が積極化した。まずイオンが1984年にマレーシア、タイ、1987年
に香港に進出し、ユニーが1987年に香港に、そしてファミリーマート
が1988年に台湾、1989年に韓国に進出した。いずれもアジア圏への進
出である。さらに日本で地域密着のビジネスを行うリージョナル小売
業も海外市場に進出した。茨城県を地盤とするカスミ、山口県を地盤
とする丸久などが台湾市場に進出したのである。

　しかし、バブル崩壊とともに、1990年代には多くの進出小売業が進
出市場から撤退した。そして日本食品小売業の国際化を牽引してきた
ヤオハンも1997年に会社更生法適用により倒産し、同年すべての海外
市場から撤退した。

　この撤退要因について川端（2000）は、海外市場からの出店誘致と

36

第1章 小売業における国際化と課題

図1-2-8：ヤオハンの海外進出先

出所：ニュースリリース等より作成

図1-2-9：1980-1990年代の日本の主要食品小売業における海外進出先

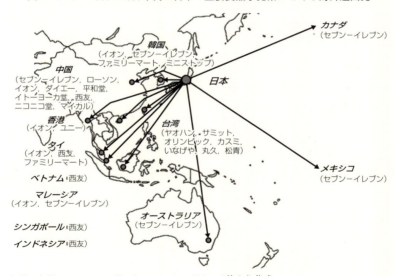

出所：各社アニュアルレポート、ニュースリリース等より作成
注：セブン-イレブンの進出先はセブン-イレブン・ジャパン他がアメリカの7-Eleven, Inc.（Southland）に出資したことによる

いう受身の姿勢での進出に代表される小売業の非戦略的市場参入を撤退要因のひとつにあげている。日本人海外旅行客目当てや進出市場からの要請、バブル期の資金的余裕などが優先され、参入前の現地市場調査や参入後の投資資本回収計画といった戦略や事業計画があいまいな状態での進出だったというのである。加えて日本の小売業の海外進出は、市場調査や企業戦略プロセスにより決定された海外市場における出店ではなく、社長によるトップダウンでの決断であるケースが多く、それも社長ら経営トップが現地の政財界人からの要請で進出を決めた場合もあると指摘している。また、進出市場に日本の卸売業のような高機能の仲介者がいないなど、日本型のビジネスができなかったために発展が妨げられたことも要因であろう。競合となる欧米小売業は、高機能の仲介者がいなくとも展開可能な現地に適応する倉庫型店舗での展開であったため売上を伸ばした。しかし、日本の小売業は日本型にこだわったため、コストが上昇し販売価格が高く客離れが進んだ。進出市場で収益性の高いビジネスをすることができず、撤退が進んだのである。このように進出前の戦略的検討の欠如が、現地市場でのビジネスにマイナス影響を与えたといえる。

1990年代になると、コンビニエンスストア業態の海外進出が積極化した。ミニストップが1990年に韓国へ、ファミリーマートは1980年代の台湾、韓国に続いて1993年にタイへ、そしてローソンが1996年に進出している。さらに2000年から2013年9月末までの間に、ファミリーマートは5か国、ローソンとミニストップは3か国ずつとその進出市場範囲を広げている。そしてセブン－イレブン・ジャパンは、フランチャイズ契約元であったサウスランド（Southland）が経営破綻したことにより、イトーヨーカ堂とともに出資し、子会社化（その際セブン－イレブン・インク（7-Eleven, Inc.）に変更）した。そして、2005年にイトーヨーカ堂、セブン－イレブン・ジャパン、デニーズジャパンの

第1章　小売業における国際化と課題

表1-2-1：日本の食品小売業のアジア市場における店舗数（2013年）

| 国名 | 地域 | セブン－イレブン | ファミリーマート | ローソン | ミニストップ |
|---|---|---|---|---|---|
| タイ | アジア | 7,210 | 924 | 18 | |
| 韓国 | | 7,064 | 7,879 | | 1,890 |
| 台湾 | | 4,867 | 2,894 | | |
| 中国 | | 1,925 | 1,031 | 378 | 50 |
| マレーシア | | 1,472 | | | |
| フィリピン | | 893 | 12 | | 342 |
| シンガポール | | 560 | | | |
| インドネシア | | 128 | 9 | 63 | |
| ベトナム | | | 6 | | 17 |
| オーストラリア | オセアニア | 598 | | | |
| アメリカ | 北中南米 | 8,144 | 9 | 4 | |
| メキシコ | | 1,552 | | | |
| カナダ | | 484 | | | |
| デンマーク | 欧州（旧ソ連新独立国家諸国含） | 196 | | | 1 |
| スウェーデン | | 189 | | | |
| ノルウェー | | 158 | | | |
| カザフスタン | | | | | 1 |
| 合計 | | 35,440 | 12,764 | 463 | 2,301 |

出所：各社HPより
注：セブン－イレブンは2013年6月末、ファミリーマート、ローソンは同年9月末
　　ミニストップは2013年2月末現在

表1-2-2：日本の食品小売業のアジア市場における店舗数（2013年）

| | イオン | イトーヨーカ堂 | ユニー | イズミヤ | 平和堂 |
|---|---|---|---|---|---|
| 中国 | 43 | 14 | | 1 | 4 |
| マレーシア | 58 | | | | |
| タイ | 58 | | | | |
| 香港 | 15 | | 3 | | |
| 合計 | 174 | 14 | 3 | 1 | 4 |

出所：各社HPより
注1：イトーヨーカ堂は2013年1月現在、他は同年7月現在
注2：イオンは2013年時点でベトナム、カンボジア、インドネシアへの参入を発表し、その後ベトナムとカンボジアには2014年、インドネシアには2015年に第1号店を開店した

39

表１-２-３：欧米主要食品小売業のアジア市場における店舗数（2012年）

| 本国市場 | Walmart アメリカ | Carrefour フランス | Metro ドイツ | Tesco イギリス | Costco アメリカ | Auchan フランス | Casino フランス |
|---|---|---|---|---|---|---|---|
| 中国 | 397 | 218 | 64 | 131 | | 54 | |
| マレーシア | | 64 | | 47 | | | |
| タイ | | | | 1,433 | | | 348 |
| ベトナム | | | 19 | | | | 33 |
| インドネシア | | 84 | | | | | |
| 日本 | 438 | | 9 | | 13 | | |
| 韓国 | | | | 520 | 9 | | |
| 台湾 | | | | | 9 | 22 | |
| インド | 20 | 4 | 15 | | | 14 | |
| パキスタン | | 9 | | | | | |
| 合計 | 855 | 370 | 116 | 2,131 | 31 | 90 | 381 |

出所：各社アニュアルレポートより
注：すべて2012年度決算期の数値

　３社による株式移転によりセブン＆Ｉホールディングスが設立された時期に完全子会社とした。これにより、アメリカ市場のみならず、セブン－イレブン・インクがフランチャイズ契約をしていた中国、香港など多くの海外市場も管理するようになっている。

　一方、総合小売業イオンは1990年代に中国、台湾に進出し、西友もイオンに続き中国および東南アジアに進出していった。しかし、西友はウォルマートに買収された際、すべての海外店舗を売却し撤退している。2013年９月末現在、アジア市場に展開している日本食品小売業は９社である。

　この2013年９月末現在の各小売業の各市場における店舗数をみると、フランチャイズ契約が主体のコンビニエンスストアはセブン－イレブンの35,440店舗をはじめ、最も少ないローソンでも463店舗と数百を超える単位での店舗展開であるが、イオンやイトーヨーカ堂など

40

第1章　小売業における国際化と課題

総合小売業は、最も多いイオンで174店舗を展開しているものの、残りの4社は数店舗レベルである。それはフランチャイズ契約を理由とする店舗数の差とは言えない。イオンなどが展開するアジア市場における欧米主要小売業の店舗数をみると、2,000店を超えるテスコ、855店のウォルマートなど、日本の総合小売業との店舗数差は大きい。

## 第1-3節　国際化進展における課題

　国際化の現状と発展過程についての整理から、ウォルマートやカルフールなど現在も売上高上位にある欧米食品小売業を中心に、国際化は進展してきたことが明らかになった。しかし、進出した先で成功しているとは限らない。現地市場で収益を増加させることが叶わず、市場から撤退することもある。2009年の売上高上位15小売業をみると、2000年から2009年までの間に1市場以上の撤退経験がある企業は9社にのぼる（表1-3-1）。2010年以降も海外市場からの撤退は続いている。たとえば、カルフールは2010年以降もマレーシア、タイ、シンガポール市場から撤退し、インドネシアでの合弁会社も株式をパートナー企業に売却して店舗をフランチャイズ契約として残すのみとなり、事実上の撤退となっている。また、市場撤退ではないものの、海外市場における一部店舗の売却もみられる。たとえば、メトロは展開する海外市場からの撤退はしていない。しかしロシア、ルーマニア、ポーランド、ウクライナの4市場で展開しているハイパーマーケット業態（屋号：Real）の店舗すべてを2012年にオーシャンに売却している。

　上位企業でも市場撤退は避けられないのであれば、下位企業になればなお撤退のリスクがつきまとうことが予想できる。海外市場に進出することはできても撤退をすれば、それまでに投資したコストは

41

回収が難しくなり、企業運営にも少なからず影響を与えるからである。それゆえ、食品小売業が海外市場に進出し、継続して利益として計上できる収益をあげることが国際化における成功の一要素であると考えるなら、成功を実現する要因は何かを解明していくことは、食品

**表1-3-1：2000年－2009年における海外市場からの撤退状況**

各セルの数値は上段＝撤退市場数／下段＝進出市場数（撤退市場数／進出市場数）。

| 小売業名 | 西欧（市場名） | 西欧 | 中・東欧（市場名） | 中・東欧 | 北中南米（市場名） | 北中南米 | アジア・オセアニア（市場名） | アジア・オセアニア | 中東・アフリカ（市場名） | 中東・アフリカ |
|---|---|---|---|---|---|---|---|---|---|---|
| Walmart | ドイツ | 1／2 | | | | 0／1 | ベトナム、韓国 | 2／5 | | |
| Carrefour | ノルウェー、スイス | 2／8 | チェコ、スロヴァキア | 2／6 | チリ、メキシコ | 2／6 | 日本、韓国 | 2／9 | | 0／14 |
| Metro Group | | 0／10 | | 0／12 | | | | 0／5 | | 0／3 |
| Tesco | | 0／1 | | 0／4 | | 0／1 | 台湾 | 1／6 | | 0／1 |
| Schwarz Group | ノルウェー | 1／16 | | 0／8 | | | | | | |
| Costco | | 0／1 | | | | 0／3 | | 0／4 | | |
| Aldi | | 0／12 | | 0／3 | | 0／1 | | 0／1 | | |
| Rewe | フランス | 1／4 | | 0／9 | | | | | | |
| Seven & I | スペイン | 1／4 | | | | 0／4 | | 0／9 | トルコ | 1／1 |
| Edeka | フランス他 | 4／4 | チェコ、ロシア他 | 3／3 | | | | | | |
| Auchan | | 0／4 | | | アメリカ、メキシコ他 | 3／3 | | 0／2 | モロッコ | 1／2 |
| Aeon | | | | | | | 台湾 | 1／6 | | |
| Wesfermers | | | | | | | | 0／1 | | |

※ 撤退市場名　●←撤退市場数　●←進出市場数

出所：各社アニュアルレポート、ニュースリリース

第1章　小売業における国際化と課題

小売業の国際化の将来を鑑みても重要な研究であると考える。

## 第1−4節　日本食品小売業の国際化課題

　日本食品小売業は売上高が上位に位置していても、同じ売上高上位の欧米食品小売業に比して海外市場進出数や展開店舗数が少ない現状が明らかになった。ではなぜ日本食品小売業の国際化は進展していないのだろうか。

### 1．本社所在国別食品小売業の国際化

　Deloitte Touche Tohmatsu（2012）が発表した2010年世界小売業売上高上位250社データより食品小売業111社を抽出し、さらに111社を本社所在国別（以下国別）に分け、国際化推進状況を把握するとともに、欧米主要国と日本との相違を明らかにする。[10]

　最初に111社の国別企業数比率をみると、アメリカが29.7％と全体の約3割を占める。日本はアメリカに次いで多く、111社のうち8.1％が日本企業である。以下、ドイツ、イギリス、フランスと続く。この5ヶ国で全体の約55％を占める（図1−4−1）。[11]次に国別売上高比率をみると、アメリカが34.3％と最も高い。次にフランス、ドイツと続く。企業数比率が第2位の日本は5番目で7.3％である（図1−4−2）。

　さらに国別の国際化状況をみていきたい。はじめに、2010年の国別平

---

(10)　本書では、本社所在国と本国市場を同意味として用いている。本節では、企業を本社が所在する国ごとに分類しているため、「本社所在国」と表現している。一方、「本国市場」は、参入している海外市場との対語として表現する場合に用いている。

(11)　上位国以外は比率が低いため、図では地域別に集約している（図1−4−4まで同様）。

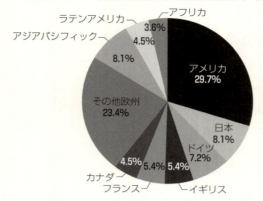

図1-4-1：食品小売業111社国別企業数比率（2010年）

出所：Deloitte Touche Tohmatsu（2012）"2012 Global Powers of Retailing" より作成

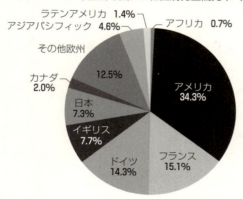

図1-4-2：食品小売業111社国別売上高比率（2010年）

出所：Deloitte Touche Tohmatsu（2012）"2012 Global Powers of Retailing" より作成

均海外市場進出数であるが、最も多いのはドイツで12.8市場、次いでフランスが12.2市場と、欧州を本拠地とする国の海外進出市場数が多く、アメリカは0.9市場、日本は1.4市場で、ともに111社平均を下回る（図1-4-3）。次に、本国市場のみで店舗展開をする企業の国別比率をみると、日本は66.7%である。アメリカの78.5%には及ばないが、111社平均

第1章　小売業における国際化と課題

図1-4-3：食品小売業111社国別平均海外市場進出数

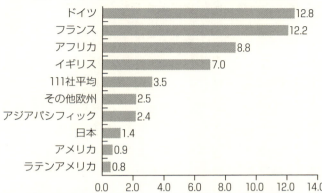

出所：Deloitte Touche Tohmatsu（2012）"2012 Global Powers of Retailing" より作成

図1-4-4：食品小売業111社出身国別本国市場のみで展開する企業の割合（2010年）

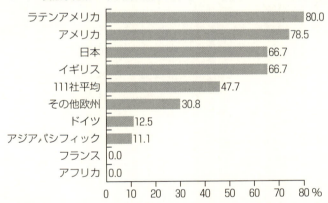

出所：Deloitte Touche Tohmatsu（2012）"2012 Global Powers of Retailing" より作成

をはるかに上回る（図1-4-4）。以上から日本小売業は欧州主要国に比べると海外進出市場数も少なく、本国市場のみで店舗展開を行う企業の割合が高い。つまり、国際化が推進されていないことは明らかである。

## 2．日本食品小売業の国際化が推進されない理由

　では、なぜ日本の食品小売業の国際化は先進諸外国に比して遅れているのであろうか。この原因について考えたい。

　まず、111社の国別小売業数比率において、日本は8.1％とアメリカに次いで企業数割合が高いものの、国別売上高比率では7.3％とその割合が低く、ドイツやフランス、イギリスをも下回っている。それは、上位にランクインする企業数は多いが、一企業あたりの平均売上高が他国小売業に比して少なく、一社あたりの売上高規模が小さいということを意味する。そして、これら日本企業の66.7％が日本市場のみで事業を行う企業である。

　逆にドイツやフランスの国別企業数比率は日本よりも低いが、国別売上高比率は高い。かつ海外売上高比率および企業の国際化率が高い。ドイツやフランスの企業は、一社あたりの平均売上高規模が大きく、その売上高の多くを海外市場に依存しているのが特徴である。

　一方、アメリカは日本より平均海外市場数も少なく、本国市場のみで事業を行う企業の割合が78.5％と高い。ランクインする33社のうち、海外市場に進出しているのはわずか8社である。しかし、アメリカは国別企業数比率および売上高比率のいずれもが対象国のうち最も高く、かつ売上高比率が企業数比率よりも高い。つまり、アメリカはランクインする企業の本国市場での売上高が大きく、他国の小売業を上回るほどの売上高を計上できており、海外市場進出に頼る必要性が低い。国際化する必要がないほど経済的に大きな本国市場規模があるため、同市場のみで事業を行う企業の割合も高いということが考えられる。

　先に述べたとおり、日本小売業の多くも日本国内のみで事業を行う企業であり、売上高を本国市場に依存している。一企業あたりの平均売上高規模はアメリカに比すれば小さい。しかし、アメリカ、中国に

第1章　小売業における国際化と課題

次いで市場規模が大きいことから、欧州各国の小売業に比べると、国際化に熱心ではなかったと考えられる。


### 3．考察

　以上から、2つのことが明らかになった。ひとつは、「日本市場では、市場規模の大きさゆえ、海外市場に活路を見出さなくても本国市場でビジネスをしていける」ことである。そしてもうひとつは「その市場規模の中では、小規模小売業でも生き残ることができる」ことである。これらが、上位企業の規模拡大を阻害する要因となっているのではなかろうか。そして欧米小売業に比して企業規模が小さいことが、海外市場に進出するための資金の乏しさにもつながっているのではないだろうか。ゆえに、欧米諸外国の競合小売業に比して、国際化が進展していないという仮説が成り立つ。

　では、なぜ日本市場では小規模小売業でも生き残ることができるのか。その点を明らかにしておくことは、日本の食品小売業の国際化を推進するための重要な要素のひとつになると考える。次節では、小規模小売業でも生き残ることができる要因、およびそれを可能にする大規模企業の市場占有率の低さについて把握し、日本の食品小売業の国際化への課題について明らかにする。


## 第1−5節　日本食品小売市場の課題


### 1．小規模小売業保護政策と生産性の低下

　日本市場は、なぜ欧州に比べて小規模な小売業が生き残ることができているのだろうか。伊藤（2005）は、国内における中小零細小売店

保護の立場から大規模小売店舗法などによる規制行政の結果、競争原理が十分機能しない小規模店舗が多数存在する構造になったと指摘する。それら規制により大型商業施設の発展が遅れ、商圏に比べて過小な店舗を増やしたことは、コストアップと効率の低下を招いたというのである。この効率の低下については、青木他（2000）によるマッキンゼー・グローバル・インスティテュートのレポート「日本経済の成長阻害要因」においても指摘されている。具体的には、「日本の小売業界の生産性が低いのは、大規模小売店が著しく生産性の低い家族経営商店にとって代わっていないため」とし、日本の商業統計、アメリカのセンサス（Census）等を用いて小売業の業態別生産性を日米で比較した上で、政府保護による小規模小売業の存続の弊害を指摘し、小売業界の再編と生産性の向上を説いている（図1-5-1）。この比較をみると、日本の小売業の生産性はアメリカの小売業の2分の1であることがわかる。さらに業態別にみると、ディスカウントストアおよび総合スーパーや専門チェーン店、コンビニエンスストアでは、いずれもアメリカの生産性が上回るものの、その差は比較的小さい。しかし食品スーパーと家族経営商店の生産性の差は大きい。とくに日本の家族経営商店の生産性はアメリカの小売店平均を100としたとき、わずか19という状況である。2008年4月に内閣府が発表した「業種別生産性向上に向けた検討課題」でも触れられている通り、小売業の生産性の低さは、「小規模事業者が多数存在し、規模の経済が発揮されにくい状況が生産性の伸びの低さの背景にある」ということも原因のひとつと言い切れるであろう。日本小売業と比較したときのアメリカ小売業の生産性の高さについては、森川（2008）もアメリカ小売業の生産性を調査したFoster et al.（2006）をとりあげて、アメリカ小売業の10年間における生産性向上のうちのほぼ全ては、生産性の高い事業者が参入し、生産性の低い事業所が撤退したことによると指摘してい

第1章 小売業における国際化と課題

図1-5-1：小売業態別の生産性（指数；アメリカ平均＝100）

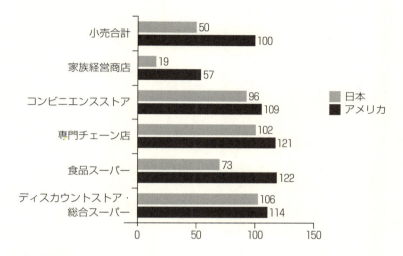

出所：青木他（2000）
原出所：商業統計，Census of Retail Trade，労働力統計，有価証券報告書，日経，マッキンゼー分析

る。つまり、効率的な物流を実現するサプライチェーンシステムの構築やITの導入など効率的なオペレーションを実現する、生産性の高いナショナルチェーン（大規模小売業）の拡大が生産性の向上に寄与しているというのである。

　これらを総合すると、日本の政府保護による小規模小売店存続は小売業全体の生産性に少なからず影響しており、それが小売業全体としての効率化の遅れにつながったと、とらえることができる。そして多数の小売事業者が共存することで、高い生産性と資金力を背景に国際市場に乗り出した欧米小売業に対抗できる、国際競争力を持つ大規模小売業が日本市場では育たないという結果を生み出したと考えられる。上位企業の占有率が高い市場が国際化に適しているというのでは

49

決してない。現在の状況から鑑みると、適正な競争状態にある環境とは言えない市場で競争をしている産業に対して国際化を推進しようとすることが、適切な政策といえるのだろうかと考えるのである。

## 2. 欧米主要各国における小売業規制

　日本小売業の状況に反して、アメリカ小売業は生産性が高いという。では日本小売業界での競争原理を阻害したとも指摘される規制は、アメリカや欧州主要各国にはなかったのであろうか。

　欧米主要各国にも、小売規制は存在する。イギリスでは、都市計画法により商業開発を含むすべての開発行為が規制されている。開発規制の方向性は、中央政府がPPG（Planning Policy Guidance Note）No.6によって示し、地方自治体はおおむねこれに従うというものである。ドイツでもイギリスと同様に都市計画の枠組みの中で大型店の出店規制が行われている。具体的には、土地利用計画の中で地区詳細計画（Bプラン）が定められ、この中で大型店（売場面積800m$^2$以上）が出店可能なエリアが限定されている。この大型店には、通常の大型小売店の他にショッピングセンター、また消費者への販売シェアが10％を超えるキャッシュ＆キャリー卸も含まれる。フランスでは大型店の出店を規制するため、1973年にロワイエ法が制定されている。一定の規模（売場面積で人口4万人以上は1500m$^2$、それ未満は1000m$^2$）を持つ大型店の出店は、政府商業都市計画委員会によって、適否が決定されるものであり、審査は中小商業店の状況、中小商業店への影響、都市計画・地域計画との整合性等を勘案して行われる。さらに、1996年にはラファラン法によって改正され、規制される売場面積の下限が300m$^2$に引き下げられるなど、規制は強化される方向にある。そしてアメリカでも、イギリスやドイツ同様に都市計画による開発規制が制定され

第1章　小売業における国際化と課題

ている。都市計画に関する法律は、連邦レベル、州レベルで存在するが、一般に市町村や群などの地方自治体にゾーニングやプランニングの権限を委任する授権法と呼ばれるタイプの法律での規制である。運用では、開発案件は1件毎に審査され、住宅地域としてゾーニングされている地域に大型店を出店しようとする場合、市議会等によるゾーニング条例の改正が必要になる。

　ゆえに、小売規制は日本だけあるのではない。しかし、欧米主要各国市場においては、大規模小売業が育っている。欧米と日本では何が異なるのだろうか。


## 3．市場効率化とその効果

　日本の食品小売市場の状況に反して、欧米食品小売市場では大規模小売業が成長している。そこで、世界主要各国の食品小売市場における大規模小売業の置かれている状況について、データにより明らかにする。同様に日本の同市場における大規模小売業の置かれている状況を確認し、欧米主要各国との相違を解明する。その上で大規模小売業が成長し続けていくことによる弊害の懸念と効果についても把握し、今後日本食品小売業の国際化が推進されうるための課題を考察する。

　なお、本書では国際化が進展している欧米食品小売業と国際化が進展していない日本食品小売業の間にある差を明確化することを目的としており、市場における上位企業占有率の高さについて評価することを目的としない。国際化推進を起点とした場合に、本国市場における占有率がどのような効果や弊害をもたらすのかということを議論する。

51

1) 欧米先進主要各国の状況

　イギリスをはじめ、欧州先進主要各国の食品小売市場における上位企業が占める割合は高い傾向にあり、北米のアメリカ、カナダもそれに続く。具体的に数字を見ていきたい。イギリスの流通調査機関 IGD（Institute of Grocery Distribution）が発表した国別食品小売市場における上位5社が占める割合をみると、欧州各国が高い割合を示している。フィンランド、ノルウェーそしてイギリスは80％を、デンマーク、スウェーデンは70％を越えている。ドイツ、フランス、スイスと主要国の多くも50％を越える。一方、北米をみると、カナダは59.5％と50％を超過している。アメリカは45.2％と欧州の上位国には及ばないが、50％に近い割合である（図1-5-2）。

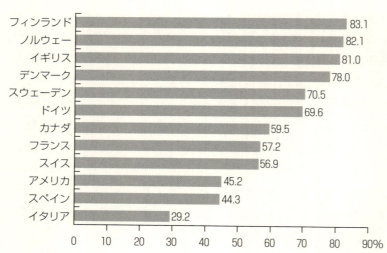

図1-5-2：欧米主要各国における売上高上位5社の占有率（2009年）

出所：IGD "Grocery Retail Market Shares by Country"

第1章　小売業における国際化と課題

## 2）日本の状況

次に、日本の食品小売市場における上位企業の状況を見る。ここでは業態別で見るのではなく、食品を販売する小売企業の食品売上高から市場における上位企業の占有率を推計したい。

横井（2012b）は、経済産業省「商業統計」、同「商業統計動態調査」、日経流通新聞「第37回小売業ランキング」「第43回日本の小売業調査」、および各社有価証券報告書の数値を用いて、日本における食品小売市場における上位5社および上位10社が占める割合を2003年度と2009年度の2ヵ年で推計した（表1-5-1）。上位5社の市場占有率は2003年度が12.3％、2009年度が13.9％であり、1.6％の増加であった。上位10社の市場占有率は2003年度が17.9％、2009年度が19.1％で、1.2％の増加であった。

ここで、ひとつ考慮しなければならないことがある。2003年度から2009年度までの間に、上位5社に含まれるセブン－イレブン・ジャパンおよびイトーヨーカ堂がセブン＆Ｉホールディングスに、またイオンも持株会社に移行したことである。ひとつのグループ企業内に総合小売業と食品スーパー、コンビニエンスストアが存在し、それらが調達や商品開発を共同で行い、また物流効率化をはかっている。小売関連産業に与える影響を考える際には、これらを集約し、ひとつの企業体として傾向を測るべきであろう。

それを考慮すると、2009年の同上位5社が占める割合は18.1％になり、2003年度に比べて5.8％の増加ということになる。また同上位10社が占める割合も22.5％と、2003年度に比して4.6％増加しているのである。

ただし、これを基準として先の欧米主要各国と比べてみても、その割合は明らかに低い（表1-5-2）。アメリカは上位10社で56.4％と5割を超える。イギリスは上位10社で92.7％であり、チェーンストアで

53

表1-5-1：日本の食品小売市場における上位企業占有率（2003年、2009年）

| | 2003年 | 2009年 | |
|---|---|---|---|
| | 単体 | 単体 | （含）HD |
| 上位5社 | 12.3% | 13.9% | 18.1% |
| 上位10社 | 17.9% | 19.1% | 22.5% |

出所：横井（2012b）
原出所：経済産業省「商業統計」、同「商業統計動態調査」、日経流通新聞「第37回小売業
　　　　ランキング」「第43回日本の小売業調査」、各社有価証券報告書をもとに筆者推計
注：HD：ホールディングス


表1-5-2：アメリカ、イギリス、日本の食品小売市場における市場占有化率（2009年）

| | アメリカ | イギリス | 日本 |
|---|---|---|---|
| 上位5社 | 45.2% | 81.0% | 18.1% |
| 上位10社 | 56.4% | 92.7% | 22.5% |

出所：横井（2012b）
原出所：US Census Annual Retail Trade, IGD Retail Analysis "Grocery Retail Market
　　　　Shares by Country"、経済産業省「商業統計」、同「商業統計動態調査」、日経流
　　　　通新聞「第37回小売業ランキング」「第43回日本の小売業調査」、各社有価証券報
　　　　告書をもとに筆者推計
注：日本の値はホールディングスを考慮した数値


はない独立小売店の割合がわずか2.3％を占めるに過ぎない。それに
比べると日本のシェアはまだ低く、欧米市場と比較するには及ばない
のかもしれない。

　ここで、日本の食品小売企業の上位5社が占める割合が6年間で
5.8％、平均すれば年間約1％増という点に注目してみたい。これを
2009年度の日本の食品小売売上高に当てはめると、1％は約4,000億円
である。4,000億円規模の食品売上高を計上するのは、同年の食品売上
高の第8位から9位に位置する企業である。つまり、上位5社の占め
る割合は、4,000億円企業1社分が毎年増加していることになる。こう
してみると、平均年間1％増のインパクトは大きいことがわかる。

　このように、欧米食品小売業の上位企業による占有率に比すれば、

第1章　小売業における国際化と課題

日本の上位企業の集中度の進展はまだ序章に過ぎない。しかし、上位企業が持株会社化したこともあり、日本の食品小売産業はわずかではあるがその比率が高まる傾向にある。上位企業がさらに買収等に動いていることを考慮すれば、今後も上位企業に多少ではあるが集約していくことも考えられる。

### 3）市場における売上高上位小売業の巨大化による懸念と実際

　日本でも食品小売市場における上位企業が規模を拡大する傾向にあることが明らかになった。では、食品小売企業が規模を拡大し、シェアを拡大することは、商品を供給するメーカー、卸売業、配送業者等の関連産業にどのような影響を及ぼすのであろうか。海外市場における実際について、とくに世界最大の小売業ウォルマートの市場シェア拡大による影響についての研究をもとに考えてみたい。

　よく懸念されるのは、小売企業が市場シェアを高めると購買力が高まるため、仕入値に対して圧力をかけることが可能になり、メーカーをはじめとするサプライヤーの収益性が損なわれるという点である。しかし、市場シェアの高い小売業に食品を含めた商品を供給するサプライヤーの収益性が必ずしも低くなるとは限らない。Bloom and Perry（2001）は、1988年から1994年までの企業財務データを用いて、アメリカ小売市場で最大のシェアを誇るウォルマートを主要商品供給先としているサプライヤー（以下ウォルマートサプライヤー）と、ウォルマートを主要商品供給先とせずに競合他店を主要商品供給先としているサプライヤー（以下他店サプライヤー）、主要供給先不明のサプライヤーに分類し、その収益性と市場シェアの差異について時系列回帰分析を行った。まず、サプライヤー分類にかかわらず、売上高規模が大きいサプライヤー、市場シェアが大きいサプライヤーは収益性が高いことを確認した。その上で、他店サプライヤーよりもウォルマート

55

サプライヤーのほうが当該商品産業における市場シェアが高いという分析結果から、収益性にも良い影響を与えると結論づけている。つまり、ウォルマートと対等な関係を築けるサプライヤーであれば、販売力のあるウォルマートとの強い関係はさらなる市場シェア獲得にプラスに働き、市場シェアが低い小規模サプライヤーにとっては、ウォルマートへの供給による収益性効果は期待できないということになる。

　では、当該商品製造業界シェアの低い小規模サプライヤーにとっては、小売業の巨大化はデメリットにしかなり得ないのであろうか。それについて、McKinsey & Company（2003）は、ウォルマートがメキシコ市場に参入し、シェアを拡大したことにより、メキシコ流通産業全体の労働生産性が向上したことを明らかにしている。これは、メキシコ市場を対象に外資小売業の FDI による生産性効果を分析した結果による。メキシコ市場へは、ウォルマートが1991年に参入した。そしてアメリカ小売業 H.E.B が1996年に、フランス小売業カルフールが1998年に、同オーシャンが1997年に市場参入をした。それら企業が参入しはじめた頃の1996年から2001年までの小売産業全体の労働生産性は、マイナス１％であった。しかし、外資小売業の中で最も早く市場参入したウォルマートの同時期における労働生産性はプラス８％であり、年２％の向上であるという結果を提示している。また、ウォルマートに関しては労働生産性だけでなく、物流効率性、そして取引先である食品メーカーの生産性にも影響を与えていると述べている。ウォルマートは同市場において、仕入商品の85％を自社物流センターに集中させて効率化をはかった。メキシコの大手小売業の平均が20〜30％であるのに比べて高い割合である。これにより、中間コストを削減することで物流効率化が実現したと解説している。また、自社センター活用により商品をストックしておけることから、商品の大量仕入が可能となり、購買力も高まり、メーカーに最低仕入量やマージンの

第1章　小売業における国際化と課題

引き下げを求めるようになった。メーカーは生き残りのため、オペレーションの効率化によりウォルマートの要求に答えた。その結果、メーカーの生産性も向上したと論じている。

　さらに Jovorcik et al.（2008）は、食品産業ではなく日用雑貨メーカーを対象にした研究ではあるが、同じくウォルマートのメキシコ市場参入により、同社と取引を行う日用雑貨関連産業の効果について分析をした。ウォルマートはメキシコ市場に参入し、店舗展開をしていくことにより約50％の市場シェアを獲得した。これにより高まった購買力を利用して、取引先である日用雑貨メーカーに対して仕入コストを下げるための物流効率化を求めた。ここまでは一般的にサプライヤーが懸念するようなことであり、それが現実に起こったということになる。しかし、ウォルマートは効率化を実現するために自社のノウハウをサプライヤーに提供したのである。また、同じ日用雑貨メーカーの中でも中小メーカーに対しては、ウォルマートのプライベートブランド製品の製造を求めた。中小メーカーにとっては存続の危機ではある。しかし、ウォルマートは自社のプライベートブランド商品製造ノウハウをそれら中小メーカーに提供したのである。その結果として、Jovorcik et al.（2008）はメキシコにおける日用雑貨メーカー全体の労働生産性が、他の化学メーカーの生産性に比べて向上したと具体的な数値を提示している。

　このような研究から、小売企業の売上高上位の市場占有化、上位企業の規模拡大は、必ずしも取引相手であるサプライヤーにとってデメリットばかりではないことが伺える。もちろん個別企業のケースを考えれば、不利益となる部分もあるかもしれないが、その産業全体を考えれば、効率性は高まっていることがわかる。

57

## 4） 日本食品小売業の課題

　このように、市場占有化率の高い市場で上位に位置する食品小売業は、早くから国際規模での商品調達を進めるなど徹底した低コストを推進してきた。また商品調達に伴い、物流システムや情報システムなどオペレーションの効率化も、国際的な規模で遂行することに努めてきた。このような効率化政策は、市場占有化が進む熾烈な競争市場の中で生き残るために必要な戦略でもあった。しかし日本では、食品小売業の市場占有化は進まなかった。企業として規模が大きくなることや効率化をはかることが阻まれた結果、国際市場で競争できる企業体力を持ち得なかったといえる。Deloitte Touche Tohmatsu（2012）が発表した世界トップ食品小売業111社の総売上高のうち、日本小売業が占める割合は世界4番目であるにもかかわらず、ベスト10の中に日本小売業は存在しないことからも、その一端がうかがえる。

　また、伊藤（2005）や川端（2000）らは、市場占有化率の低さが日本小売業の収益性の低さにもつながっていると指摘している。欧米小売業の効率化、規模の拡大は上述の通りであり、そのような取り組みが販管比率の低下、収益性の向上につながり、企業の資金力を増加させているというのである。そこで、世界No.1小売業のウォルマートと日本国内No.1小売業のイオンを例にとってみたい。ウォルマートの2012年度（2013年1月期）における営業利益率は5.9％、一方のイオンの2012年度（2013年2月期）の同率は3.4％である[12]。この差は何であ

---

（12）　営業利益率（％）は、

　　　　営業利益（営業収益から営業原価および販売管理費を差し引いた値）

　　　　　　　　　　　　　　　　　　　　　　　　　÷営業収益×100

　　　で算出している。商品を仕入れて販売することが主業の小売業においては、この営業利益率が収益性を測る指標として利用されることが多い（Moatti and Dussauge（2005））。

　　　また、これら数値はとくに指定しない限り、連結決算によるものである。

第1章　小売業における国際化と課題

ろうか。営業収益から営業原価を差し引いた粗利益率をみると、ウォルマートが24.9％でイオンは34.7％と、イオンのほうが約10ポイント高い。しかし、販売管理費率をみるとウォルマートは18.9％、イオンは31.4％と12.5ポイントの差がある。つまり、低価格で商品を仕入れても、オペレーションにコストがかかっているために、イオンは営業利益率が低いのである。さらに両社ともに海外市場進出していることから、本国市場と海外市場における業績を分けて数値を確認したい。ウォルマートの本国市場（アメリカ）における営業利益率は7.1％であり、イオンの本国市場（日本）における同率は3.2％である。そしてウォルマートの海外市場における営業利益率は5.0％、イオンは2.2％である。本国市場、海外市場ともに営業利益率には2倍以上の開きがある。そしてこの状況はここ10年ほど大きく変わらない。つまり、イオンは日本市場での低収益性に耐えながら国際競争に挑み続け、海外市場でも低い収益率に甘んじていることになる。これはイオンに限ったことではない。アメリカやイギリスなど先進主要国における食品小売業上位5社の本国市場における平均営業利益率は4－6％であるのに対し、日本の同上位5社の同平均営業利益率は1.8％である。つまり、日本食品小売業は欧米先進主要国の上位小売業に比し

---

(13)　営業収益とは、売上高およびそれ以外の事業における収益を合計した値である。また、営業原価は売上原価および売上以外の事業における原価を合計した値である。ウォルマートにおける売上以外の収益および原価は会員制卸売業（Membership Wholesale Club）の会員費収入であり、イオンにおける売上以外の収益は総合金融事業における収益である。

(14)　ここでのイオンの日本国内事業の営業利益率は、全体から中国事業とアセアン事業を差し引いたものである。そのため、金融やサービス事業に含まれる毎外業績が日本国内事業の同率に含まれる。また、金融やサービス事業およびその他事業を除き、イオンの日本国内店舗事業のみに限ると同率は2.5％である。

(15)　2012年度各社アニュアルレポートより算出。

59

て収益性に乏しい傾向にある。市場占有率が低い日本市場の食品小売業は、欧米小売業に比べて収益性が低いことは明らかである。本国市場がどこであれ、海外市場進出となれば競争環境は等しいことから、本国市場での低収益性は国際化に全く影響を及ぼさないとは考えにくい。

　最後に、海外市場に進出する際には、投資資金が必要である。本国事業での収益性が低ければ、海外市場で多店舗展開して効率性を高め、収益をあげることは難しい。欧米小売業はその資金力をもち、海外市場におけるオペレーションの課題をもクリアし、競争力を持っているということになる。以上から、日本国内事業での生産性の低さが日本小売業の海外進出を阻害している要因のひとつとなっているといえるであろう。

# 第2章　小売国際化の既存研究

本章では小売業国際化の既存研究を整理し、小売業の現状と課題とを鑑みる。

　まず、小売国際化研究がいかに発展したかについて概説する。次に、小売業が海外市場に進出か否かを議論する国際化決定要因の既存研究、さらに国際化推進要因研究について整理する。国際化推進要因研究においては、海外市場の拡大要因、また参入市場および参入形式要因を中心に精査する。これら既存研究は、概念化研究と実証分析研究にわけて整理をする。これにより、既存研究における問題点、今後の研究への課題を抽出する。

## 第2-1節　小売国際化研究の発展

　小売国際化研究について、Alexander and Myers（2000）は、以下の3つに区分している。まず1980年代半ば頃までは小売業の国際化活動の実際を把握することが中心の研究が主体であり、次に1980年代後半になると実態把握研究から分析的視点を有する研究へと進化し、そしてそれらの研究の積み重ねにより、1990年代になると国際化や国際化進展要因についての概念的枠組みを提示する研究が進展した。これについては Vida and Fairhurst（1998）も、1960年代から1980年代までは小売業を営む企業の国際化活動、およびその企業のマネジャーの国際化活動の把握を中心とした研究であり、1980年代後半になると国際化における外的要因などに研究の目が向けられ、それらが概念化されていくことになったと述べている。

　小売業は第2次世界大戦以前から海外進出経験はあったが、戦後の1960年代前半にシアーズ・ローバックやセーフウェイなどのアメリカの小売業が海外進出をし、またドイツやフランスなど西欧諸国も周辺各国やアメリカに店舗展開を始めたことで、実態把握研究は進展し

た。この実態把握研究について、矢作（2007）は「社会的、文化的、経済的な異質性の高い空間で競争が繰り広げられている」小売国際化の現実を正確に把握し続けることは、現在においても「必要欠くべからざる作業」としてその重要性を主張している。

　次に、実態把握の上で進展していった分析的視点を有する研究であるが、小売業国際化の内的要因と外的要因が検討されるようになった。つまり、国際化要因の研究である。さらに1980年代になると、進出する海外市場が距離的にも広がり、また東欧諸国に起こった共産圏の崩壊と市場開放により、どの市場にどのくらい投資をするのか、その参入時期や参入方式にも研究の目が向けられていった。それらの研究の積み重ねにより、1990年代になると国際化や国際化進展要因についての概念的枠組みが提示されていったのである。

　このような概念的枠組み形成が取り組まれていった一方で、その概念や仮説を検証する実証研究への取り組みについては、同様に進展したとは言い難い。Vida and Fairhurst（1998）は、小売国際化研究はその国際化プロセスが概念化されるまでに至っているが、「実証分析は無視されてきた」と指摘している。事例研究の蓄積などから明らかにされている企業個別の国際化優位性や、業態の差による国際化の可能性などを、一般化していくための実証研究は必須であると述べている。Gielens and Dekimpe（2004）も、小売業の国際化要因や参入方式などについて議論されてきたが、それらについての実証的な分析には乏しいと指摘している。

## 第2-2節　国際化決定要因研究

### 1．概念化研究

　Dawson（1994）は、①本国市場の小規模性または本国市場の飽和性、②本国での出店規制、③本国での市場シェアの限界、④進出市場の成長性、⑤進出市場と本国とのコスト構造の違いによる高収益性、⑥市場リスクの分散、⑦余剰資本の利用、⑧企業家のビジョン、⑨大手製造業による販路拡大のための後押し、⑩進出市場の参入障壁の解除、⑪海外での顧客の対応、⑫新市場での独占的利益の獲得を国際化要因として提示している。また、小売業の海外進出動機を本国の「プッシュ要因」と他国の「プル要因」にわけて捉えようとした研究も多い。なかでもAlexander（1997）は政治的要因、経済的要因、社会的要因、文化的要因、および小売構造的要因の5つの視点から分析しており、小売業の国際化要因に関する多くの既存論文で引用されている。たとえば、本国の政治的不安定という政治的要因は海外進出へのプッシュ要因になり、進出対象国の政治的安定や緩やかな規制は海外進出へのプル要因となる。また、本国の厳しい競争環境という小売構造的要因は海外進出へのプッシュ要因になり、進出対象国のニッチな機会の存在は海外進出へのプル要因となる。

　白石・鳥羽（2004）は、世界No.1小売業ウォルマートの海外進出要因もこのプッシュ要因が当てはまるとしている。ウォルマートは本国であるアメリカに大規模店舗を展開していくことにより、地域の中小零細店に打撃を与えた。そのため、地域コミュニティの発展に責任をもっていないという非難が相次いだ。そして各地で出店反対運動が起こったことから、海外市場に目を向けた。これを政治的なプッシュ要

因であるとしている。一方 Vida（2000）は、ウォルマートの海外進出は競争優位の訴求という主体的な要因も作用していたと指摘している。多様な業態の展開や自社の情報技術等、海外市場に訴求できる優位性をすでに持っており、それを他市場に訴求することにより更なる成長を狙うという積極的な要因があったというものである。

　また、Wrigley（2000）は小売業の国際化要因について、本国市場における売上高増加要因が見いだせなくなったことによると述べている。小売業の売上高増加要因として「インフレ物価高による増加」「新店舗オープンによる増加」「既存店売上高の増加」の3つを提示し、その要因が本国市場で達成できないと国際化をすると分析しているのである。1980年代後半から1990年代前半に本国市場のインフレ率が低下し既存店売上高の鈍化が進んだことに加え、フランスやイギリスなどでは新店舗の出店規制が成立したなどの要因が重なった。本国市場での売上高成長が見込めなくなったために、欧州小売業の海外市場進出が活発化した。つまり、海外市場への進出は本国市場における成長鈍化が引き金であり、同市場よりも経済成長率が高く売上高増加が望めるアジアやラテンアメリカなどの新興市場への参入を目指したのである。この新興市場参入については、欧米先進国に比べて投資コストが安く、土地代や労働力や固定費が安価であることから投資に対するリターンを比較的早く回収できるという点においても魅力的であったといえる。

　海外市場進出によるメリットはほかにもある。絶対的な商品仕入量が増加することにより、一括大量発注による値引きが実現する。また、進出した海外市場には店舗展開だけではなく、調達機能や物流機能が備わっている。ゆえに新興市場に進出すれば安価な商品の調達と配送が容易になり、国際規模での調達コスト減が実現される。これは本国市場のみで店舗運営をする小売業と比べて優位にはたらくことに

なる。Coe（2004）も、欧米小売業の海外市場進出積極化の時期と国際調達推進時期は重なっていると指摘している。つまり、本国市場における売上高成長が見込めないという要因や、国際調達の可能性、およびそれによるコスト削減という要因は、国際化を決定づけるだけではなく、国際化を推進する要因ともなっているのである。

　これらは主として欧米小売業を対象とした研究であるが、川端（2000）はヒアリングを通して、1980〜90年代の日本の小売業の海外進出は、市場調査や企業戦略のプロセスにより決定された海外出店ではなく、社長からのトップダウンでの決断であるケースが多く、それも社長ら経営トップが現地の政財界人からの要請で進出を決めたという、やや消極的な進出要因も見られると指摘している。

## 2．実証研究

　小売業の国際化決定要因における先駆的な実証研究として、Williams（1992）による海外市場に進出しているイギリスの小売業へのインタビュー調査を基にしたパス解析があげられる。その結果、成長や先進性を志向する動機が国際化にプラスの影響を与え、資源・資本が限られる企業の小規模性は国際化にマイナスの影響を与えることを明らかにしている。Vida（2000）は、アメリカ小売業へのアンケート調査回答を基に、母集団を海外市場進出をしている小売業と本国市場のみで店舗展開している小売業とに分類してホテリング検定を行うことにより、国際化小売業の特徴を解明することを試みた。その結果、国際化小売業は本国市場のみで事業を行う小売業に比してアメリカ国内での展開店舗数、および店舗展開している州の数に勝り、品揃えなどの小売知識や物流、技術などに優れていることを明らかにしている。

第 2 章　小売国際化の既存研究

これら分析はそれぞれイギリス、アメリカを本拠地とする小売業のみを対象とした分析であるが、田村（2004）は世界小売業売上高上位100社を対象とし、ロジスティクス分析にて国際化要因を明らかにすることを試みた。その結果、「企業の売上高が大きくなり、本国小売販売額成長年率が低くなるとき、国際化指導が強く推進される」という結論を得ている。この分析をもとにして、横井（2009a）は世界売上高上位250社のうち、アパレルなど自社ブランド商品を有する専門店業態および無店舗販売業態を除き、かつ収益性を示す営業利益率が公表されている104社を抽出し、同様に国際化要因についてのロジスティクス分析を行った。そして、本国市場の売上高、そして企業の上場が国際化決定にプラス要因になり、本国市場規模はマイナス要因となるという結果を得ている。

## 第 2 - 3 節　国際化推進要因研究

### 1．概念化研究

Myers and Alexander（2007）は、Burt（1993）、Pellegrini（1994）らの研究から、小売業が海外市場への進出を拡大していく国際化推進要因は、①本国市場と参入市場との地理的距離、②文化的かつ心理的親近感、③本国市場と参入市場の間にある小売産業の発展度合いの差という 3 点を挙げている。これは、小売業は本国市場から近い市場や文化など環境が類似する市場、さらに比較的発展度合いが近い先進市場への参入を目指していくという意味である。ただし、文化的に親近性があることにより僅かな差を見逃しても構わないという強気の進出が失敗を生むこともあり、逆に文化的かつ物理的距離が遠い市場に対しては徹底的な調査を行うことにより、成功するケースもあると加えて

67

いる。しかし、1990年代以降、物理的にも文化的にも距離があり、かつ経済格差が大きい新興市場への進出が増加してきた。これについてAlexander and de Lira e Silva（2002）は、この時期から地政学的にも経済的にも小売業の国際競争環境は様変わりしたと述べている。このような背景から、小売業は距離や差異だけではなく、資本の分散やリスク管理、市場参入方式にも関心が払われるようになり、それが国際化推進の重要な戦略と位置づけられるようになった。

　この国際化推進要因については、製造業を想定した理論や概念を基に小売業への転用を試みた研究が積み重ねられ、小売業独自の概念化が測られた。そのうちのひとつが「所有特殊的優位」「内部化誘引から生じる優位」「立地特殊的優位」の3点の活用を考えるとき、企業は海外に直接投資を行うという、Dunning（1981; 1988）によるOLIパラダイム理論である。もうひとつがHill et al.（1990）による取引コストを含めた複数の要因をもとに企業が海外市場参入を決定する概念である。

　まず、OLIパラダイム理論であるが、小売業のどの要因が適応できうるのかについて研究がすすめられた。中村（2003）は、OLIパラダイム理論は小売国際化を部分的に説明しうる理論であると断った上で、Dawson（1994）の研究事例を紹介し、「所有特殊的優位」については小売業による自主企画商品（プライベートブランド商品、以下PB）を、「内部化誘因から生じる優位」についてはフランチャイズや買収などの参入形式により海外市場に参入する場合の相手先の市場要素を、そして「立地特殊的優位」については地価・家賃・人件費などの地域格差や市場成長率などを挙げている。このうち、「所有特殊的優位」におけるPBが国際的な所有特殊的優位として機能している例として、ローラ・アシュレイ、ベネトンなどを挙げている。Pellegrini（1994）も、PBは小売国際化の中心的な役割を果たしている

第2章　小売国際化の既存研究

と述べているように、PB の優位性は注目され、具体的な事例研究が積み重ねられていった。Rugman and Girod（2003）は、ルイ・ヴィトン（Louis Vuitton）やクリスチャン・ディオール（Christian Dior）などのいわゆる高級ブランド商品を展開する小売業は、ウォルマートやカルフールといった総合小売業に比べてそのブランド力が強く、海外市場においても消費者認知度や購入満足度が高いことが競争優位要因であると述べている。そしてそれらブランド力を維持するために売上高の10％強を広告宣伝費に投入していることを明らかにしている。Burt and Sparks（2002）は、食品小売業も高級ブランド品同様に PB 宣伝のための TV やラジオへの出稿を増加し、当該市場での企業ブランドイメージの確立を目指したと、イギリス小売業セインズベリー（J. Sainsbury）を例に述べている。Stanley（1991）もイギリス小売業マークス＆スペンサー（Marks & Spencer）の海外進出を取り上げ、PB が消費者の認識向上に影響したと指摘している。

　次に、取引コストを含めた複数の要因をもとに企業が海外市場参入を決定する概念であるが、これは Hill et al.（1990）が提示した。まず Anderson and Gatignon（1986）などが既存研究において、参入形式の選択要因のうちの一部のみに焦点を当てていることを指摘した上で、「戦略変数」「環境変数」「取引変数」の3つに選択要因を分類し、企業が参入形式を決定する枠組みを提示した。そして、3つの変数それぞれにつき、以下の仮説を説いている。戦略変数に関する点では、文化習慣が異なる海外市場を個別の国内市場と考えるマルチドメスティック戦略を採用する企業は、現地での管理力が低い形式での参入を模索する。一方、文化習慣が異なっても類似を見出すことにより複数の海外市場をひとつの市場と考える「グローバル戦略」をとる企業は、現地での管理力が強い形式での参入を模索する。次に、環境変数に関する点では、参入市場におけるカントリーリスクが高い場合、

69

参入市場から本国市場までの距離が遠い場合、参入市場における需要が未知数である場合、そして参入市場での競争が不安定である場合には、資本投下が少なくても参入できる方式を模索する。最後に取引変数に関する点では、企業特有の戦略を有する場合は、管理力が強い形式での参入を模索し、また特有の企業ノウハウを有する場合は、その知識が流出することが最小限になる形式での参入を模索する。

　このような概念化をもとに、小売業の海外市場参入方式についての研究が進められてきた。Alexander and Doherty（2004）は、Burt（2003）によるコスト、コントロールそしてリスク要因により参入方式が決定される定義に対して、市場における環境だけではなく小売業の過去の歴史や経験、財務状況や戦略を含めたマネジメントノウハウも要因になると述べた。また、Doherty（2000）はイギリスのファッション小売業を対象にした調査から、コスト、コントロール、リスク要因とマネジメントノウハウ要因は2次元であり、両者がともに低い場合には独資による参入を、それら要因が高くなるにつれ、合弁会社設立による参入、フランチャイズによる参入と変化すると提示している。Myers and Alexander（2007）は、コスト面で負担がかからず、時間を要さずに店舗展開ができる海外市場参入方式であるフランチャイズ方式の研究が進んだと指摘している。しかし、Doherty（2009）は、国際化戦略の中心的な要素の一つとなるフランチャイズ方式での参入動機や現地市場での管理とサポートについての研究は進んだものの、どの市場に参入し、そこでどのような基準で適切なパートナーを見つけるかの研究は進展していないと指摘している。その上で、フランチャイズ方式で店舗を海外市場に展開しているイギリスのアパレル小売業のうち6社にインタビューを行い、市場規模や経済成長度、法律や規制などから参入市場を選別し、その上で財務の安定性や現地市場の知識、フランチャイザーのブランドや戦略への理解度などから現

第 2 章　小売国際化の既存研究

地市場における適切なパートナーを選択するとし、概念図を提示している。

　また、海外市場進出後の現地戦略についても研究がされている。小売業の国際化は商品だけの海外移転ではなく、業態を含む知識移転であり、そのため海外市場における事業展開には標準化戦略か適応化戦略か、もしくはその両方かという議論がなされてきたと先に述べた。そのため、適応化戦略の重要性を指摘する研究は多い。たとえば Burt et al.（2008）は、長期間海外市場に進出し続けている欧州 3 食品小売業の海外市場進出パターンについてヒアリング調査をした。企業により対応は様々であり、一般化は困難であるとした上で、現地市場への適応化の重要性は共通していると述べている。また、矢作（2007）はカルフールの台湾市場における現地での政策を調査し、基本的には標準化戦略をとるとしても、部分的に適応化戦略をとり、現地市場との調整を行うことは不可欠であると述べている。これは海外市場のみならず、外資小売業の日本市場進出においても経験されていることである。たとえば、西友を買収して日本市場に参入したウォルマートは、当初はウォルマート方式ともいえる本国市場におけるビジネス様式を日本市場においても導入することを試みた。消費者に最も身近な例でいえば、チラシ配布の取りやめである。日本の食品小売業にとって、新聞に封入されるチラシは重要なプロモーションツールのひとつである。しかし、ウォルマートは本国市場であるアメリカでチラシを重要なプロモーションツールとは位置づけていない。そのため、取りやめたのであるが、それにより売上高が大幅に減少するという事態に陥り、取りやめからわずか 2 か月でチラシ配布を復活させた。

　海外市場に進出し、現地市場に対応し、さらに進出市場を拡大して多国籍化していくことによる企業の利点も研究されている。Dawson（2003）は、海外進出により得た知識が親会社に移転され活かされる

71

こと、そして海外子会社間における知識移転を指摘している。前者は、ウォルマートがイギリスの小売業アズダ（Asda）を買収してイギリス市場に参入し、アズダのブランドの知識を本国市場であるアメリカでの事業に活用していること、後者はオランダのアホールドが、アメリカ市場で得た小売運営知識を本国市場だけではなく他の海外市場における事業にも活かしていることを例に挙げている。この知識移転については、Kacker（1988）が小売知識の移転モデルを提示し、鐘・矢作（2005）や横井（2011a; 2011b; 2012a）らは事例をもとに国際化による市場間の調整、統合の必要性とそれによる知識移転の効果について述べている。

ただし、海外市場に進出したものの、意に反して撤退するケースもある。第1章において指摘したとおり、2009年の食品小売業世界売上高上位15企業のうち、2000年から2009年の10年間で1市場以上撤退した企業は9社である。Wrigley and Currah（2003）はアホールドの中南米市場における撤退、Palmer（2004）はテスコのアイルランドおよびフランス市場からの撤退、そして Christopherson（2007）はウォルマートのドイツ市場からの撤退の事例研究を行っている。また、Burt et al.（2003）は撤退事例から小売業の海外市場からの撤退要因として、①市場の失敗、②競争の失敗、③組織の失敗、④事業の失敗の4つの要因を提示している。Alexander and Quinn（2002）は、海外市場および市場における事業の失敗だけではなく、本国市場における業績の悪化も海外市場からの撤退要因となると、マークス＆スペンサーを例にあげて指摘している。

このように国際化推進要因は、参入市場や参入様式の決定、現地化プロセス、また撤退要因について議論され、概念化されてきた。海外市場における適応化戦略など、成功のための現地化プロセスは議論されてきたものの、市場における成功要因についての議論には乏しいと

第2章　小売国際化の既存研究

考察する。矢作（2007）は、カルフールの台湾市場における現地化プロセスを評価しつつも、日本市場をはじめ同じアジア市場において撤退するケースも相次ぎ、成果にばらつきが出ることを指摘した上で、その原因については事例のみで結論を出すことは不可能と結んでいる。


## 2．実証研究

### 1）市場参入方式

　小売業国際化推進要因における実証研究をみていきたい。最初に参入方式であるが Kogut and Singh（1998）は、1981年から1985年までにアメリカに参入した多業種の外国企業506社のデータをもとにマルチロジスティクス分析により、本国市場と参入市場（アメリカ）との文化的な差が大きいと、参入方式はジョイントベンチャー方式を選択するという結果を得ている。また、Agarwal and Ramaswami（1992）はアメリカのリース企業97社へのアンケート調査結果を基にしたマルチロジスティクス分析により、海外進出経験のある大規模企業はポテンシャルの低い市場に独資参入し、海外経験の少ない小規模企業は海外市場に参入しない、もしくは参入してもジョイントベンチャー方式での参入傾向にあるという結果を得た。しかし、対象がリース会社であったこともあり、所有特殊優位性のある企業か否かによる参入方式の差は認められなかったとしている。次に小売業を対象とした分析では、Gielens and Dekimpe（2001）が欧州の75食品小売業による西欧、東欧、中欧およびバルト３国を含むロシア市場への進出データをもとに参入方式と参入規模について実証分析を行っている。その結果、早期にある程度の投資規模のグリーンフィールド方式での参入が長期にわたる成功を導くことを明らかにしている。その際、本国市場で展開

している業態もしくは参入市場において未経験の業態での参入が有利と加えている。さらに、Gielens and Dekimpe（2004）は競合小売業の動向により海外市場への参入時期と参入規模がどのように影響するかについて、1989年から2001年までの欧州75小売業が東・中欧州の11市場に進出した際のデータをもとに実証分析を行っている。その結果、自国で競合関係にある小売業が、参入予定市場にすでに参入しており、当該市場における自国小売業のシェアがすでに高ければ高いほど参入時期は早くなり、参入規模も大きいが、外国の競合小売業が参入予定市場にすでに参入している場合には、参入時期は遅れ、参入規模も小さくなることを明らかにしている。さらに Elsner（2013）は、2007年の食品小売業上位30社のうち海外市場に進出していない企業および海外進出はしているが1市場のみの進出に留まっている企業を除外した18社を対象とし、それら企業が1960−2007年に進出したのべ309市場の参入形式に影響する要因について実証分析を行っている。その結果として、参入形式は過去に参入した市場における参入形式に影響される傾向があることなどを明らかにしている。一方、Gripsrud and Benito（2005）は、イギリスの小売業86社の1996年における海外進出先39市場を対象に、参入する市場を選択する要因について回帰分析を行った。同年に進出した39市場で合計470店舗を展開しているが、そのうち61.1％が欧州圏であることに留意しながらも、人口一人あたり GNP（購買力）、都市人口が参入選択要因としてプラスであり、文化的距離および物理的距離はマイナスという結果を得ている。ただし、イギリスのみの小売業を対象とした単年データでの分析結果であることから、今後の課題としてさらなるデータ収集による分析をあげている。

## 2）所有特殊的優位性

　小売業による PB は OLI パラダイム理論における所有特殊的優位性となりえ、かつ国際化と相関性があるのかについて、横井（2013）により実証的な把握を試みている。世界各国小売業の PB 比率については、長期間における詳細なデータが入手困難であるという制約があるため、関係性を把握するに留まることは否めない。しかし、実態を把握するという目的には有用であると考える。Deloitte Touche Tohmatsu が発表している世界売上高上位250社のうち、書籍販売業態および無店舗販売業態を除いた147社を抽出し、このうち収益性をはかる営業利益率およびキャッシュフロー比率が非公表の小売業を除いた計62社を分析対象とした。そして、国際化の有無と国際化推進の度合いを分析のパターンに応じて被説明変数とし、PB 比率が国際化有無、国際化推進それぞれにおいて決定要因となるのかを測定するプロビット分析およびマルチプロビット分析を行った。その結果、国際化有無の決定要因と PB 比率の高さの間に関係性はみられないが、海外5市場以上進出という国際化推進度合いと PB 比率の高さの間には関係性がみられることが明らかになった。とくに、海外1～4市場進出と PB 比率の高さの間には関係性がみられないことから、多市場への進出と PB 比率の高さとの関係性がより顕著であることが明らかになった。

## 3）知識移転効果

　Anon-Higon et al.（2008）は、外資小売業のイギリス市場参入により、それらが持つ知識や IT などの技術、取引制度等がイギリスの地元小売業に波及して知識移転が起こったとして、その効果を実証的に分析した。その結果、イギリス小売業全体の生産性が向上したことを明らかにした。また McKinsey & Company（2003）は、世界 No.1 小

売業ウォルマートがメキシコ市場に参入したことにより、メキシコ流通産業全体の労働生産性が向上したことを明らかにした。加えて、物流効率性や取引先である食品メーカーの生産性にも影響を与えていると述べている。さらに Jovorcik et al.（2008）は、同じくウォルマートのメキシコ市場参入により、同社と取引を行う関連産業である日用雑貨メーカーへの効果について分析をした。ウォルマートはメキシコ市場に参入し、店舗展開をしていくことにより約50％の市場シェアを獲得した。これにより高まった購買力を利用して、取引先である日用雑貨メーカーに対して仕入コストを下げるための物流効率化を求め、それを実現するためのノウハウを提供した。また、同じ日用雑貨メーカーの中でも中小メーカーに対しては、ウォルマートの PB 製品の製造を求めた。その上で PB 製造ノウハウを提供した。その結果、メキシコにおける日用雑貨メーカー全体の労働生産性が、他の化学メーカーの生産性に比べて向上したと具体的な数値を提示した上で指摘している。

## 第2-4節　今後の研究課題

　このように、小売国際化研究は小売業が実際に国際化し、市場進出範囲を拡大することに呼応して、最初に国際化決定要因研究が、そして国際化推進要因、国際化推進に関わる国際化方式決定要因、現地化プロセスの概念化研究が進展した。また、多国籍企業における市場間調整や統合、知識移転についてのモデル化や事例研究も進んできている。このように国際化が進展する一方で、市場から撤退する小売業も登場したことから、市場からの撤退事例の研究も重ねられ、撤退要因の提示もされている。

　しかし、実証分析研究は概念化研究に比して既存研究数に乏しい。

第2章 小売国際化の既存研究

図2-4-1：小売業国際化の実態と小売国際化研究の進展

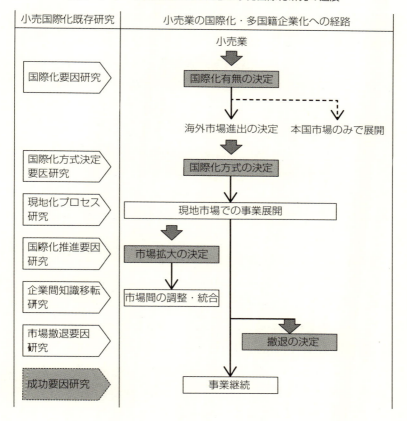

　また、国際化決定要因、国際化推進要因、また知識移転効果について実証分析研究は行われてはいるが、アメリカや東欧など限られた地域や国、また10数社での分析など限られた企業数での分析にとどまっており、一般化を試みるまでの分析は進展していないのが現状である。田村（2004）や横井（2009a）の分析は、対象企業が100社超と、既存研究の中では多くの対象企業による分析であるが、分析対象時期が限

定されるなどの制約下での分析である。また、分析対象が企業であることから、業態を区分せず小売業としての分析も主体である。小売業の国際化は複数の出身国企業により、多様な地域への進出により構成されている。また、先に業態の差によりマーケティングが異なることを指摘した点からみても、業態により国際化要因が異なる可能性もある。これらの点をふまえて、今後実証研究を進めていくことが求められるだろう。

　さらに、国際化決定要因や、参入方式等についての実証分析研究に比して、海外市場における事業の成功要因や撤退要因についての実証分析研究は非常に乏しい。成功要因については、Gielens and Dekimpe（2001）の研究において、事業の継続性は市場参入方式や競合企業よりも市場に早く参入することがプラスに働く結果を得た分析に留まる。それも欧州内に限定しての分析である。小売業の国際化が進展して数十年経ち、進出市場の範囲が広がり、かつ市場撤退という結果が目立つようになってきてもなお、成功要因の一般化を試みる分析に乏しいのが現状である、Burt et al.（2008）が指摘するように、各小売業により、国際化の目的やゴールは異なる。そのため、分析にあたっては何を成功と規定するのかは議論が必要ではある。しかし、国際化が進展し、その一方ですでに市場からの撤退を経験する小売業も多い中で、何が海外市場での事業継続に影響するのかを分析することは、市場への参入を検討することにも、将来的な撤退を回避することにも有効な一つの指標となりうると考える。

　このように実証分析研究が求められているにもかかわらず進展していない理由のひとつに、企業データ取得の困難さをあげることができるであろう。既存研究にみられる製造業の実証分析では、大規模な企業データを用いて分析が行われている。国家レベルで産業分類ごとに貿易統計が取得され、企業単位での調査も実施されていることから、

第 2 章　小売国際化の既存研究

統計データが分析レベルで充実していると言える。また、民間企業が収集するデータもかなり詳細な内容まで取得されている。一方、小売業のデータも日本では長らく経済産業省「商業統計」により、またアメリカなど欧米ではセンサス（Census）により、産業としての国内小売業の現状を表す統計データは取得され、公表されている。しかし、企業単位で国際化を分析できるような詳細なデータは容易に取得できる状態にはない。また、小売業の特徴として、業態によりその特徴や海外進出への対応力が大きくことなることから、業態ごとの分析も求められるが、それらが叶うデータは公表されていない。ゆえに、ヒアリング調査を中心とした事例研究に比して、データを要する実証分析は進展してこなかったと考えられる。

　Vida and Fairhurst（1998）や Gielens and Dekimpe（2004）が指摘してきたように、国際化プロセスが概念化されるまでに至っているが、実証分析により検証され、一般化されるには至っていない。事例研究の蓄積などからは明らかにされている個別小売業の国際化優位性や業態の差による国際化の可能性などを一般化していくための実証研究は必須であると考える。そのためにも、データ取得困難という課題に対して、手段や手法を精査し、可能な限りのデータを収集することが求められる。

# 第3章　小売国際化要因

小売業の国際化要因は、本国市場の小規模性や同市場でのシェアの限界、あるいは成長性志向や大規模な企業資本といった要因が国際化の決定要因に影響するということが、比較事例研究やヒアリング等による実態調査から明らかになっている。しかし、Wrigley（2000）やCoe（2004）、矢作（2007）などが指摘するように、実態調査等より明らかになった概念を実証研究により修正と精緻化を行うことが小売業国際化研究の課題とされている。

　そこで本章では、既存研究で明らかにされた小売業の国際化要因が実証分析においても国際化に影響しうる要因であるかを検証する。

## 第3−1節　仮説

　すでに第1章にて、食品小売業の国際化の経緯と現状および課題を整理しているが、本章での国際化要因分析にあたり、説明変数となる要因仮説を整理しておきたい。

　まず海外市場進出をしている小売業としていない小売業の割合であるが、Deloitte Touche Tohmatsu（2012）による2010年の世界食品小売業売上高上位111社のうち、全社平均52.3％は海外市場進出をしており、同47.7％は海外市場進出をしていない（第1章　図1−4−4参照）。これを出身国別でみると、アメリカ小売業の78.5％、日本小売業の66.7％、イギリス小売業の66.7％は海外市場進出をしていない。反対に、フランスは100％、ドイツも87.5％の小売業が海外市場進出をしている。さらに出身国別の平均海外市場進出数を見ると、最も多いのはドイツで12.8市場、次いでフランスが12.2市場である（第1章　図1−4−3参照）。つまり、フランスやドイツの小売業は積極的に海外市場進出をしていることがわかる。またイギリスも7.0市場であり、欧州を本拠地とする国の海外進出市場数が多い。しかしアメリカは0.9市場、日

本は1.4市場で、ともに111社平均の3.5市場を下回っている。これら数値から、アメリカ食品小売業や日本食品小売業は国際化に積極的ではないことが明らかである。

では、アメリカ食品小売業はなぜ国際化に積極的ではないのだろうか。世界で最も売上高が高く、アメリカ小売業でも最も高いウォルマートは海外市場進出に積極的である。しかし、アメリカ食品小売市場で同社に次ぐ売上高であり、世界食品小売売上高においても10位以内に入ってくるクローガー（Kroger）は、本国市場のみでの展開である。同社とともに同売上高上位10社以内に入るターゲット（Target）も2010年まで海外市場進出をしておらず、2011年に隣国のカナダに初めて進出した（その後、同市場から撤退し、海外進出市場数はゼロになった）。

このように世界小売売上高に占める国別割合においても最上位に位置するアメリカ食品小売業が国際化に積極的ではない理由のひとつはアメリカの食品小売市場規模の大きさ、および市場規模の大きさに起因する売上高の大きさであると考える。食品小売市場の規模を国別にみると、アメリカは世界第1位である（表3-1-1[16]）。これは日本の2倍以上、フランスやドイツ、イギリスの3倍以上の規模である。先述のクローガーはアメリカ国内のみの事業で、20市場以上で店舗展開をするドイツのシュワルツ（Schwarz Group）と同程度の売上高を計上しているのである。

ここで、アメリカ食品小売市場における上位企業シェアと、フランスにおける同シェアをみてみたい（図3-1-1、図3-1-2）。フランスは、世界食品売上高上位111社にランクするすべての小売業が海外

---

(16)　正確にはグロサリー小売市場規模である。グロサリーとは、食品および食品にかかる生活雑貨（紙類、食器洗浄剤など）を指す。欧米では食品小売市場というと、グロサリーを対象とするのが一般的である。

表 3-1-1：食品小売市場規模（2010年）

| | 国名 | 市場規模（10億ドル） |
|---|---|---|
| 1 | アメリカ | 881.8 |
| 2 | 中国 | 789.9 |
| 3 | 日本 | 359.9 |
| 4 | インド | 350.4 |
| 5 | ブラジル | 289.9 |
| 6 | フランス | 276.0 |
| 7 | ロシア | 256.4 |
| 8 | ドイツ | 215.4 |
| 9 | イギリス | 214.6 |
| 10 | イタリア | 171.8 |

出所：IGD, Retail Analysis 提供データ（Grocery Retail Market Size）

市場進出をしている。アメリカは21.5％が海外企業進出をしている。そして上位8社でアメリカ国内市場シェアの50％を超えている。一方、フランスは上位4社で市場シェアの50％を超え、上位8社で80％に達する。フランスの上位小売業に比べると、アメリカの上位小売業は下位企業が占める50％近いシェアを奪取し、本国市場でさらに売上高を伸ばしていくことが可能な状況にあることがわかる。

これは Dawson（1994）や Alexander（1997）、Wrigley（2000）らが、本国市場におけるシェアの限界、あるいは出店規制などにより同市場における売上高増加要因が見いだせなくなったことが、海外市場への進出を後押しした要因のひとつであると指摘していることとも合致する。

ゆえに、本国市場規模が小さく、かつその市場が飽和状態にあることから海外市場を目指したフランスをはじめとする欧州食品小売業とは異なり、アメリカ食品小売業は積極的に海外市場進出をせず、本国市場にて事業を行っていると考えられるのである。

第 3 章　小売国際化要因

図 3-1-1：アメリカ食品小売市場シェア（2010年）

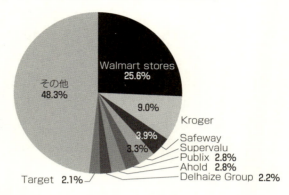

出所：IGD, Retail Analysis 提供データ（USA Grocery Retail Market Share）
注：Ahold はオランダ、Delhaize Group はベルギー資本の小売業

図 3-1-2：フランス食品小売市場シェア（2010年）

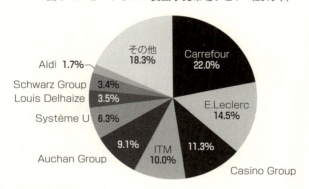

出所：IGD, Retail Analysis 提供データ（France Grocery Retail Market Share）
注：Schwarz Group、Aldi はともにドイツ資本の小売業

　この状況は日本も同じである。アメリカ、中国に次いで市場規模が大きく、売上高上位企業が占める市場シェアも上位5社で18.1％、上位10社で22.5％（2009年）と、本国市場において売上高を伸ばす余地が残されている（第1章　表1-5-2参照）。しかし、日本食品小売業は

85

上位企業でも売上高規模は大きいとはいえない。先の2010年食品小売業世界売上高上位111社の国別小売業数比率において、日本は8.1％とアメリカに次いで企業数割合が高いものの、国別売上高比率では7.3％とその割合が低く、ドイツやフランス、イギリスをも下回っていた。それは、ランクインする企業数は多いが、一企業あたりの平均売上高が他国小売業に比して少なく、一社あたりの売上高規模が小さいということを意味する。そして、本国市場で上位小売業が占める売上高シェアがアメリカやフランスなどの上位小売業に比べて低いことからも推測できる。

　実際に、Deloitte Touche Tohmatsu が発表した2006年度世界売上高上位250社のうち、無店舗販売業態等を除いた146社を対象としたデータから、日本と欧米主要国の小売市場および小売企業の特徴をみると、日本はアメリカに次いで小売市場規模が大きい（表3-1-2）。企業数も15社とアメリカに次いで多い。しかし、アメリカが国際化企業数も最多であるのに対し、日本は4カ国中最も少ない。さらに各国小売企業の売上高企業規模を示す平均売上高、また平均営業利益率も主要国の中で最も低い。ここで146社の順位内訳を国別にみる（表3-1-3）。欧米主要国に比べて日本小売企業の1-50位以内企業数は3社と最も少なく、100-146位に偏っている。そのため、平均売上高が低いのである。この順位内訳による国際化企業数をみると、各国とも順位が高いほど国際化比率が高い傾向にある。

　企業数は多いものの、最上位に位置する企業数が少なく、売上高企業規模は欧米主要国の小売企業に比べて小さいことがわかる。この点から、これら日本食品小売業は本国市場規模の大きさに起因する本国市場での売上高の大きさという点については、大きな恩恵は受けていないと考える。しかしながら、その分を海外市場に活路を求めることで埋めるという積極性も見られない。

第3章　小売国際化要因

## 表3-1-2：世界上位146小売業の主要国別状況

単位：10億ドル（平均売上高、本国市場規模）

|  | 日本 | アメリカ | イギリス | フランス | 世界 |
|---|---|---|---|---|---|
| 企業数 | 15 | 50 | 13 | 6 | 146 |
| 国際化企業数 | 4 | 18 | 7 | 6 | 77 |
| 平均売上高 | 9.54 | 14.55 | 13.64 | 25.19 | 14.22 |
| 平均営業利益率 | 2.54％ | 3.92％ | 4.86％ | 4.14％ | 4.12％ |
| 本国市場規模 | 1,163 | 3,003 | 469 | 433 | — |

出所：Deloitte Touche Tohmatsu、Planet Retail
　　　各社アニュアルレポート
注：2006年実績
　　平均営業利益率は2002－2006年の5年平均

## 表3-1-3：世界上位146小売業の順位内訳

|  | 日本 | アメリカ | イギリス | フランス | 世界 |
|---|---|---|---|---|---|
| 1－50位企業数 | 3（2） | 17（10） | 6（4） | 5（5） | 50（36） |
| 51－100位企業数 | 3（1） | 17（6） | 5（1） | 1（1） | 50（25） |
| 101－146位企業数 | 9（1） | 16（2） | 2（2） | 0 | 46（16） |

出所：Deloitte Touche Tohmatsu、Planet Retail
　　　各社アニュアルレポート
注：2006年実績、カッコ内は国際化企業数


　上記の日本小売業15社のうち、食品小売業は9社である。このうち
の5社、つまり66.7％が日本という本国市場のみで事業を行う小売業で
ある。残りの4社は国際化しているが、そのうちの1社であるユニー
は香港市場に3店舗のみの展開であることを考慮すれば、海外市場進
出に積極的なのはイオンとセブン＆Iホールディングス（セブン－イレ
ブン、イトーヨーカ堂）、ファミリーマートのみと言える。本国市場にお
ける売上高規模が小さく、国内で競争しシェアを高めていこうとする
ことが、国際化への消極性に影響するのではないかとも考えられる。
　以上から、本国市場の規模や本国市場における売上高は国際化決定
要因にマイナスの影響を与えるのかについて、分析を行う。

87

## 第3-2節　分析

　食品小売業を分析対象とし、同小売業の国際化有無、国際化を進めているか否かを検証することを目的とすることから、プロビット分析およびマルチプロビット分析を用いる。


## 1．データ

　Deloitte Touche Tohmatsu（2008）の小売業売上高上位250社のうち、食品小売業96社を抽出し、同96社の2000年から2009年までの10年間のデータを Planet Retail 社収集データを利用し、各社アニュアルレポートの情報を追加してデータベースを構築した。

　食品小売業は非上場企業が多い。Deloitte Touche Tohmatsu が毎年発行する世界小売業売上高ランキングの上位100社のうち、本書で定義する食品小売業を抽出し、さらに上場・非上場企業に分けてその推移をみると、約4割が非上場企業である（表3-2-1）。非上場企業は公表データが少ないため、分析に用いることができる項目の減少は否めないが、幸いにして今回の分析仮説にあげた本国市場規模や本国市場における売上高は、非上場企業でもデータを入手することが可能であった。非上場企業を除いた分析は、現実的ではないことから、上場、非上場企業いずれも含めたデータでの分析を行う。また、企業の国際化と企業のパフォーマンスの間にラグが生じる可能性、つまり当該年度の期末の業績を以て当該年度中に国際化するのではなく、国際化を実施する前までの段階の業績が影響する可能性を考慮して、一定期間のデータ（プールドデータ）を用いた。

　分析対象となる10年間において、食品小売業は発展途上国にも積極

第3章　小売国際化要因

表3-2-1：世界小売売上高上位100社に占める上場・非上場企業別食品小売業数推移

|      | 上場 | 非上場 | 合計 |
|------|------|--------|------|
| 2000 | 30   | 14     | 44   |
| 2001 | 34   | 14     | 48   |
| 2002 | 33   | 19     | 52   |
| 2003 | 34   | 19     | 53   |
| 2004 | 34   | 20     | 54   |
| 2005 | 36   | 20     | 56   |
| 2006 | 34   | 22     | 56   |
| 2007 | 33   | 23     | 56   |
| 2008 | 36   | 19     | 55   |

出所．Deloitte Touche Tohmatsu（2002; 2003; 2004; 2005; 2006; 2007; 2008; 2009; 2010; 2011）
"Global Powers of Retailing, Planet Retail "Format Analysis" data

的に進出し、展開市場数を増やしている。ゆえに分析では、海外進出
市場をどの程度増やしたのかを示す国際化度合を被説明変数とするマ
ルチプロビット分析も行う。

## 2. 分析対象

　既存研究および仮説より、本国市場要因や企業要因の国際化への影
響をはかるべく、プロビット分析およびマルチプロビット分析を行
う。国際化の有無と国際化推進の度合いを分析のパターンに応じて被
説明変数とし、国際化有無、国際化推進それぞれにおいてどのような
要因が影響するのかを分析する。なお、国際化推進についてはパター
ン2とパターン3に分け、推進度合いによる影響分析を目的とする。
度合いの分類であるが、欧州やアメリカは2～3市場は陸続きで進出
できる国がある。5市場以上になると陸続きの国だけではない進出に

なる国が増える。そして10市場以上となると自国が所属する地域以外の地域にも進出する国が多くなる。以上の観点から分類を決定した。一方、説明変数については、既存研究および現状整理で指摘された要因を用いる[17]。以上より、被説明変数および説明変数を以下に設定する。

・被説明変数

【プロビット分析】

パターン1）国際化有無（INT1；（国際化＝1、非国際化＝0））

【マルチプロビット分析】

パターン2）国際化推進度合い（INT2；（海外5市場以上進出＝2、
　　　　　　海外1市場以上5市場未満＝1、非国際化＝0））

パターン3）国際化推進度合い（INT3；（海外10市場以上進出＝2、
　　　　　　海外5市場以上9市場未満＝1、海外市場4市場未満（非
　　　　　　国際化含む）＝0））

・説明変数

本国売上高（NTLSALES）：

　　本国市場における売上高（自然対数に転換）

本国市場シェア（HMMKTSHRE）：

　　本国市場における当該小売業の売上高シェア

本国市場規模（MKTSCALE）：

　　本国市場の食品小売業総売上高（自然対数に転換）

上場企業ダミー（PUBLICDM）

---

(17)　横井（2009b）にて、既存論文より小売業国際化要因を整理しており、それらをもとに横井（2009a）にて国際化要因を説明変数とした実証分析を行っている。

第3章　小売国際化要因

2年前本国売上高（SALESTWOYRAGO）：
　　本国市場における当該年の2年前の売上高（自然対数に転換）
2年前からの売上高成長率（GROWTHTWOYRAGO）：
　　本国市場における当該年の2年前からの売上高成長率


　なお、ラグの存在を考慮するために設定した2つの説明変数である
2年前本国売上高（SALESTWOYRAGO）、2年前からの売上高成長率
（GROWTHTWOYRAGO）を用いる分析を変数①、さらに1年前とな
る3年前本国売上高（SALESTHREEYRAGO）、3年前からの売上高成
長率（GROWTHREEYRAGO）を代入する分析を変数②とし、それぞ
れパターン1）～3）の分析を行うことで、経年度合いの差による結
果が異なるか否かをも確認する。


## 3．使用データと分析手法

　Deloitte Touche Tohmatsu（2008）の小売業売上高上位250社のう
ち、食品小売業96社を抽出し、同96社の2000年から2009年までの10年
間のデータを Planet Retail 社収集データを利用し、各社アニュアル
レポートの情報を追加してデータベースを構築した。
　変数①では、説明変数である2年前本国売上高（SALESTWOYRAGO）、
2年前からの売上高成長率（GROWTHTWOYRAGO）を有すること
から、2002年～2009年のデータであり、変数②では3年前本国売上
（SALESTHREEYRAGO）、3年前からの売上高成長率（GROWTHREEYRAGO）
を有することから、2003年～2009年のデータで構成されている。変数
①および②のデータの特徴を表3－2－2および表3－2－3に示す。

　次に、3パターンの国際化ダミーを被説明変数としたプロビット分

表3-2-2：変数① データの特徴

| 説明変数 | データ数 | 平均 | 分散 | 最小値 | 最大値 |
|---|---|---|---|---|---|
| log（NTLSALES） | 754 | 3.92 | 0.51 | 2.69 | 5.55 |
| HMMKTSHRE | 754 | 7.30 | 7.64 | 0 | 34.10 |
| log（MKTSCALE） | 754 | 5.48 | 0.66 | 3.93 | 6.33 |
| PUBLICDM | 754 | 0.63 | 0.48 | 0 | 1 |
| log（SALESTWOYRAGO） | 754 | 724.11 | 4910.45 | 1.88 | 53668 |
| GROWTHTWOYRAGO | 754 | 1.24 | 0.40 | 0.20 | 7.40 |

| 被説明変数（パターン1)) | データ数 | 平均 | 分散 | 最小値 | 最大値 |
|---|---|---|---|---|---|
| INT1 | 754 | 0.49 | 0.50 | 0 | 1 |

| 被説明変数（パターン2)) | データ数 | 平均 | 分散 | 最小値 | 最大値 |
|---|---|---|---|---|---|
| INT2 | 754 | 0.77 | 0.83 | 0 | 2 |

| 被説明変数（パターン3)) | データ数 | 平均 | 分散 | 最小値 | 最大値 |
|---|---|---|---|---|---|
| INT3 | 754 | 0.37 | 0.68 | 0 | 2 |

表3-2-3：変数② データの特徴

| 説明変数 | データ数 | 平均 | 分散 | 最小値 | 最大値 |
|---|---|---|---|---|---|
| log（NTLSALES） | 658 | 3.95 | 0.50 | 2.73 | 5.55 |
| HMMKTSHRE | 658 | 7.34 | 7.63 | 0 | 32.90 |
| log（MKTSCALE） | 658 | 5.50 | 0.64 | 4.00 | 6.33 |
| PUBLICDM | 658 | 0.63 | 0.48 | 0 | 1 |
| log（SALESTHREEYRAGO） | 658 | 666.54 | 4571.64 | 1.88 | 43965 |
| GROWTHREEYRAGO | 658 | 1.41 | 0.69 | 0.17 | 12.44 |

| 被説明変数（パターン1)) | データ数 | 平均 | 分散 | 最小値 | 最大値 |
|---|---|---|---|---|---|
| INT1 | 658 | 0.49 | 0.50 | 0 | 1 |

| 被説明変数（パターン2)) | データ数 | 平均 | 分散 | 最小値 | 最大値 |
|---|---|---|---|---|---|
| INT2 | 658 | 0.78 | 0.83 | 0 | 2 |

| 被説明変数（パターン3)) | データ数 | 平均 | 分散 | 最小値 | 最大値 |
|---|---|---|---|---|---|
| INT3 | 658 | 0.37 | 0.68 | 0 | 2 |

第3章　小売国際化要因

析およびマルチプロビット分析モデルで行う。ここではパターン1）
国際化の有無（INT1）を例とし、変数①のモデルを示す。

$$Y(INT1) = \alpha_0 + \beta_1 \log(NTLSALES) + \beta_2(HMMKTSHRE)$$
$$+ \beta_3 \log(MKTSCALE) + \beta_4(PUBLICDM)$$
$$+ \beta_5 \log(SALESTWOYRAGO) + \beta_6(GROWTHTWOYRAGO)$$

## 4．分析結果

　結果は表3-2-4から表3-2-9のとおりである。最初に国際化の
有無を被説明変数とするパターン1）をみると、変数①、変数②とも
に本国市場における売上高の大きさ、上場企業ダミーがプラスに、本
国市場規模はマイナスに有意な結果となった。また、変数①では2年
前からの売上高成長率もマイナスに有意な結果が得られた。

　次にパターン2）の変数①をみると、海外進出が1～4市場の小売
業には本国市場売上高、上場企業ダミーがプラスであり、本国市場規
模がマイナスで有意となった。5市場以上進出の小売業は、本国市場
売上高、上場企業ダミーがプラスであり、本国市場シェア、本国市場
規模、そして2年前からの売上高成長率がマイナスで有意となった。
一方、変数②をみると、海外進出が1～4市場においては、2年前か
らの売上高成長率に有意性はみられなかったが、それ以外は変数①同
様であった。5市場以上進出においては変数①と同様に、本国市場売
上高、上場企業ダミーがプラスであり、本国市場シェア、本国市場規
模、そして3年前からの売上高成長率がマイナスで有意となった。

　最後に、パターン3）の変数①の結果をみると、5～9市場に進出
の小売業は2年前本国市場売上高および2年前からの本国市場売上
高成長率以外の変数は有意となり、10市場以上進出の小売業について

93

## A．パターン１）

表３-２-４：分析結果－変数①

|  | 係数 | z 値 |
|---|---|---|
| _CONS | 1.91 | 2.43 |
| log(NTLSALES) | 1.49 | 7.12 *** |
| HMMKTSHRE | 0.01 | 0.58 |
| log(MKTSCALE) | − 1.45 | − 7.13 *** |
| PUBLICDM | 0.42 | 3.50 *** |
| log(SALESTWOYRAGO) | 0.00 | 0.49 |
| GROWTHTWOYRAGO | − 0.26 | − 1.68 * |

表３-２-５：分析結果－変数②

|  | 係数 | z 値 |
|---|---|---|
| _CONS | 1.80 | 2.13 ** |
| log(NTLSALES) | 1.42 | 6.36 *** |
| HMMKTSHRE | 0.01 | 0.73 |
| log(MKTSCALE) | − 1.42 | − 6.45 *** |
| PUBLICDM | 0.43 | 3.32 *** |
| log(SALESTHREEYRAGO) | 0.00 | 0.56 |
| GROWTHREEYRAGO | − 0.08 | − 0.96 |

注：*** : 1 ％有意水準、　** : 5 ％有意水準、　* : 10％有意水準

## B．パターン２）

表３-２-６：分析結果－変数①

|  | 係数 | z 値 |
|---|---|---|
| 0　| |  | (base outcome) |
| 1　| |  |  |
| _CONS | 1.91 | 2.43 |
| log(NTLSALES) | 1.49 | 7.12 *** |
| HMMKTSHRE | 0.01 | 0.58 |
| log(MKTSCALE) | − 1.45 | − 7.13 *** |
| PUBLICDM | 0.42 | 3.50 *** |
| log(SALESTWOYRAGO) | 0.00 | 0.49 |
| GROWTHTWOYRAGO | − 0.26 | − 1.68 * |
| 2　| |  |  |
| _CONS | 4.32 | 3.09 *** |
| log(NTLSALES) | 4.84 | 8.68 *** |
| HMMKTSHRE | − 0.12 | − 3.94 *** |
| log(MKTSCALE) | − 4.22 | − 7.69 *** |
| PUBLICDM | 0.45 | 2.35 ** |
| log(SALESTWOYRAGO) | 0.00 | 1.03 |
| GROWTHTWOYRAGO | − 0.89 | − 2.92 *** |

表３-２-７：分析結果－変数②

|  | 係数 | z 値 |
|---|---|---|
| 0　| |  | (base outcome) |
| 1　| |  |  |
| _CONS | 1.80 | 2.13 ** |
| log(NTLSALES) | 1.42 | 6.36 *** |
| HMMKTSHRE | 0.01 | 0.73 |
| log(MKTSCALE) | − 1.42 | − 6.45 *** |
| PUBLICDM | 0.43 | 3.32 *** |
| log(SALESTWOYRAGO) | 0.00 | 0.56 |
| GROWTHTWOYRAGO | − 0.08 | − 0.96 |
| 2　| |  |  |
| _CONS | 3.99 | 1.89 * |
| log(NTLSALES) | 9.39 | 7.00 *** |
| HMMKTSHRE | − 0.25 | − 5.22 *** |
| log(MKTSCALE) | − 7.84 | − 6.06 *** |
| PUBLICDM | 0.65 | 2.76 *** |
| log(SALESTHREEYRAGO) | 0.00 | 0.32 |
| GROWTHREEYRAGO | − 0.89 | − 2.00 ** |

注：*** : 1 ％有意水準、　** : 5 ％有意水準、　* : 10％有意水準

第 3 章　小売国際化要因

## C．パターン 3 ）

表 3 - 2 - 8：分析結果－変数①

| | 係数 | z 値 | |
|---|---|---|---|
| 0 　\| | | (base outcome) | |
| 1 　\| | | | |
| _CONS | 1.70 | 1.42 | |
| log（NTLSALES） | 0.73 | 2.75 | *** |
| HMMKTSHRE | 0.05 | 2.46 | ** |
| log（MKTSCALE） | − 1.01 | − 3.95 | *** |
| PUBLICDM | 0.36 | 2.02 | ** |
| log（SALESTWOYRAGO） | 0.00 | 0.20 | |
| GRCWTHTWOYRAGO | − 0.07 | − 0.58 | |
| 2 　\| | | | |
| _CONS | 4.45 | 2.93 | *** |
| log（NTLSALES） | 4.71 | 8.04 | *** |
| HMMKTSHRE | − 0.11 | − 3.57 | *** |
| log（MKTSCALE） | − 4.17 | − 7.16 | *** |
| FUBLICDM | 0.52 | 2.51 | ** |
| log（SALESTWOYRAGO） | 0.00 | 0.96 | |
| GROWTHTWOYRAGO | − 0.72 | − 3.06 | *** |

表 3 - 2 - 9：分析結果－変数②

| | 係数 | z 値 | |
|---|---|---|---|
| 0 　\| | | (base outcome) | |
| 1 　\| | | | |
| _CONS | 4.11 | 2.71 | *** |
| log（NTLSALES） | 3.23 | 5.87 | *** |
| HMMKTSHRE | − 0.13 | − 4.28 | *** |
| log（MKTSCALE） | − 3.08 | − 5.71 | *** |
| PUBLICDM | 0.06 | 0.28 | |
| log（SALESTWOYRAGO） | 0.00 | 3.29 | *** |
| GROWTHTWOYRAGO | − 0.69 | − 2.56 | *** |
| 2 　\| | | | |
| _CONS | 4.51 | 1.90 | * |
| log（NTLSALES） | 10.37 | 6.70 | *** |
| HMMKTSHRE | − 0.28 | − 5.13 | *** |
| log（MKTSCALE） | − 8.67 | − 5.84 | *** |
| PUBLICDM | 0.79 | 3.08 | *** |
| log（SALESTHREEYRAGO） | 0.00 | 0.03 | |
| GROWTHREEYRAGO | − 0.84 | − 2.17 | ** |

注：***：1 ％有意水準、　**：5 ％有意水準、　*：10％有意水準

は、2 年前本国市場売上高以外はすべて有意となった。変数②の結果
では、5 ～ 9 市場に進出の小売業は上場ダミー以外の変数はすべて有
意となり、10市場以上進出の小売業については、3 年前本国市場売上
高以外はすべて有意となった。

　分析結果は以下のように理解することができる。

95

a．国際化食品小売業は上場しており、本国市場規模が小さい
　　が、その本国市場における売上高規模が大きい
b．直近の本国市場売上高の成長率が高いと海外進出はしない
c．本国市場シェアが高い食品小売業は、海外進出市場数が少な
　　い
d．本国市場シェアが低い食品小売業は、積極的に海外市場進出
　　を行っている
e．過去数年の本国市場売上高成長率が低い食品小売業は、積極
　　的に海外市場進出を行っている
f．海外市場進出数が多い食品小売業は、本国市場での売上高が
　　大きく、上場している
g．いずれの場合においても、本国市場規模の大きい食品小売業
　　は積極的に海外市場進出をしない

　まず、a．の本国市場規模、本国市場における売上高規模およびg．
については、仮説が証明できたことになる。b．も含め、本国市場の規
模が大きく自社の成長が見込めれば、あえて国際化の必要はないこと
を示している。c．であるが、Dawson（1994）やAlexander（1997）、
Wrigley（2000）らによる本国市場におけるシェアの限界、あるいは
出店規制などにより同市場における売上高増加要因が見いだせなく
なったことが、海外市場への進出を後押ししたと論じた結果に合致す
る。そして、欧州各国は上位小売業による市場シェア占有率が高い
こと、また隣国が接する土地であり、数か国単位での海外市場進出
を行っているという実態とも合致する。一方、d．とe．およびf．で
は、本国市場シェアと過去数年の本国市場売上高成長率が低くとも、
同市場の売上高が大きく、かつ上場している食品小売業は積極的に海
外市場進出数を増やしているという結果である。これは実態および既

第3章　小売国際化要因

存研究で議論されてきたことが、本章の分析によっても確認できたことになる。

## 第3-3節　結果より導き出される国際化要因と今後の課題

食品小売業の国際化は、本国市場における売上高や上場など、企業本体の基礎的な資金力が重要である。そして、本国市場規模が大きいと積極的に海外市場進出を行わない。この結果はそのまま日本食品小売業の実態にあてはまる。他国よりも本国市場規模が大きく、欧米小売業に比べて企業規模が小さいため、国際化が推進されていないのである。

一方、収益性は国際化要因となるという仮説は、本分析では確認できなかった。収益力のある企業が海外に進出する傾向にはなく、むしろ本国市場要因から海外市場に進出しているものと考えられる。ただし、上場小売業は国際化要因にプラスという結果を得ていることから、資金調達力のすぐれた小売業は国際化する傾向にある。そのため、事業収益性は低くとも、資金調達力があれば国際化を進めることができるということが言える。ただし、分析に用いた収益性は営業利益率のみであることから、今後は総資産利益率やキャッシュフローなどの収益性をはかる別指標を含めた分析を進め、検証していく必要がある。非上場企業はデータを収集できないといった制約がある中で、収益性を測る別指標をいかに収集するかについて、今後検討していきたい。

このような課題は残るが、本章における分析により、これまで小売業国際化要因の概念化研究において議論されてきた、本国市場規模の大きさが国際化にマイナスになる、あるいは本国市場シェアの海外市場進出数への影響は確認できたことになる。また、これまで分析対象

として注目されてこなかった収益性について議論し、小売業の国際化を決定する要因についての実証分析を行ったことは、次への研究につながると考える。

分析結果に示された本国市場規模であるが、他国に比して大きいとしてもその市場で成長し続けなければ、海外市場進出という戦略を実行する前に企業の存続が危ぶまれる。実際に、アメリカ小売産業では売上高上位企業の経営悪化が相次いでいる。2006年に、当時アメリカ食品スーパーとしてクローガーに次ぐ売上高であったアルバートソンズ（Albertsons）は、食品スーパー業態をスーパーバリュ（Supervalu）および投資会社サーベラスキャピタルマネジメントに売却した。[18] アルバートソンズは海外市場進出をしていなかった。アルバートソンズ店舗の一部を買収したスーパーバリュは同店舗が経営の負担となり、2013年にそれら店舗をサーベラスに売却した。このスーパーバリュも本国市場に限った店舗運営である。さらに、2010年の世界食品小売業売上高20位内に入るアメリカの食品小売業セーフウェイ（Safeway）は2014年にサーベラスに事業売却した。セーフウェイはカナダやメキシコに進出していたが、自身の売却に先立ち、カナダの店舗を同国内小売業（Sobeys）に売却している。

海外市場進出は企業の成長戦略のひとつであり、必ずしも国際化をしなければ成長しないわけではない。しかし、本国市場での成長が止まってから海外市場進出を決定するのでは遅い場合もある。本国市場売上高が成長していない小売業ほど多くの海外市場に進出しているという本章の分析結果、そして第2章で示した Gielens and Dekimpe（2001）による早期市場参入がその市場での長期間における事業成功

---

(18)　アルバートソンズはドラッグストア業態も有しており、それらはサーベラスと CVS に売却された。またスーパーバリュを同業と称したが、実際には小売事業とともに卸売事業を行う企業である。

第3章　小売国際化要因

を導く要因であるという点をみても、海外市場参入決定が遅れれば後手にまわる可能性がある。以上から、進出するしないにかかわらず、企業の成長戦略のひとつとして海外参入戦略は考慮する必要があると考える。[19]

---

(19)　Gielens and Dekimpe（2001）が示した欧州を対象とする分析結果として示した早期参入要因が、海外市場での事業の長期継続性の一因となることについて、欧州以外の世界市場においても要因となるかについては第5章における分析で検証したい。

# 第4章　所有特殊的要因としての PB

## 第 4 - 1 節　小売業にとっての PB

　PB は、近年日本の小売業も積極的に取り入れている。既存研究においても、所有特殊的要因として議論され、小売国際化の中心的な役割を果たしていると指摘されている。そこで、この PB が国際化推進に影響しているのかを実証分析により確認する。


### 1. PB とは

　最初に、PB とは何かについて確認していきたい。PB は、地域によりプライベートレーベル（Private Label）、オウンブランド（Own Brand）、オウンレーベル（Own Label）、ストアブランド（Store Brand）と呼ばれる。本書ではプライベートブランドと呼称を統一し、同商品を PB と略記する。

　この PB については明確な定義がされておらず、調査や研究ごとに定義しているのが現状である。本書では、欧州の PB 製造業者組織 Private Label Manufactures Association（PLMA）が定義する「特定の小売業のためにのみ製造される小売業名がブランドとして付与された商品」を PB とする。この小売業名ブランドには、企業名が付与されたブランド（テスコの Tesco ブランドなど）のみならず、複数の小売業で構成される組織のために製造された商品に付与されたブランド（共同購入組織 AMS Sourcing B.V. が取り扱う Euro Shopper など）、またある企業のみで販売される商品に対して付与されるブランド名（アルディの Fit & Active、Friendly Farms など）も含める。[20]

---

（20）　AMS Sourcing B.V. オランダのアホールドやデンマークのダンスク（Dansk）

第 4 章　所有特殊的要因としての PB

## 2．PB の発展

　PB のはじまりは、百貨店やスーパーマーケットなどの近代小売商業が誕生する以前からといわれる。靴屋や洋服屋などの専門店が製品差別化をはかるために、独自ブランドを付与していたとされている。また、紅茶の量り売り店が、封入した袋に店舗名を押印したのがはじまりとも言われる。矢作（2000）は、イギリスでは1870年代の生活協同組合運動の流れから、生協が良品廉価を訴求し小麦や砂糖、塩、紅茶などの生活必需品に独自ブランドを採用し、これを他の小売業者が真似ることにより、PB が普及したと述べている。

　ただし、本格的に PB が普及し、現在の原型となったのは1970年代以降とされる。Laaksonen（1994）、Laaksonen and Reynolds（1994）や Burt and Sparks（2002）は、PB はとくに欧州で先行して発展してきたが、その過程には一定程度の発展パターンがみられ、かつ 5 段階にわけられるとしている（表 4-1-1）。そして、その段階があがるごとに商品が洗練されていくと述べている。しかし、すべての小売業が 1 段階目から順に発展していくわけではなく、オーバーラップする、あるいは段階が入れ替わることもある。

　マークス＆スペンサーやテスコなど欧州小売業の実例をみると、第 4 段階に進むには第 3 段階までの蓄積が重要である。製造業が企画・開発および生産し、全国規模で販売をするナショナルブランド商品（以下 NB）よりも少し低価格でありながら、一定の品質を維持するこ

　　など欧州14小売業で構成される共同購入組織である。
　　　アルディが展開する PB にはアルディという企業名はブランドとして冠されていない。アルディのみで販売される商品向けに、カテゴリーごとに独自のブランド名を冠している。その PB 定義については社団法人食品需給研究センター（2010）も参照のこと。

表 4 - 1 - 1：PB の

| 特徴 | 第1段階<br>ブランド名なし | 第2段階<br>独自ブランド |
|---|---|---|
| 戦略 | ジェネリック<br>(ブランド名を付与しない<br>商品として売る) | 低価格 NB 商品のコピー |
| 目的 | ・商品マージン率向上<br>・消費者に商品選択肢を与<br>　える | ・商品マージン率向上<br>・付加価値が高くて安価な<br>　商品の提供 |
| 商品 | ・基本的な仕様中心<br>・生活必需品 | ・必需品中心<br>・大量生産可能品 |
| 価格 | NB より20％以上低価格 | NB よりも10〜20％低価格 |
| 消費者購買動機 | 価格 | 価格 |

出所：Burt and Sparks（2002）より

とにより、NB のコピー商品でありながらも小売業の独自ブランドの価値を高める段階だからである。そして、第4段階で NB と同等かそれ以上の価格帯であっても品質が高く、競合商品との差別化を図ることが可能な商品レベルになる。この段階で、当該商品カテゴリー内でのマージン率を向上させることと商品付加価値の向上を同時に達成することができると、そのブランドは企業イメージの向上につながり、企業の看板になりうる第5段階へと進んでいくことができる。この第5段階になると、その企業ブランドであるがゆえに、あえてその PB を選ぶ行動を消費者が選択するようになる。

　また、各段階には一度上がったら二度と前段階には戻らないということではなく、共存することもある。たとえば、第2段階の PB を代表とする価格訴求型 PB と、第4段階を代表とする付加価値訴求型 PB が共存するということである。テスコは主要な PB ラインとして

第4章　所有特殊的要因としてのPB

**発展段階**

| 第3段階 | 第4段階 | 第5段階 |
|---|---|---|
| 独自ブランド | 独自ブランドの拡大 | 企業ブランド |
| 主要NBブランド商品のコピー | 商品付加価値を付与 | 企業ポジションの確保、拡大 |
| ・カテゴリー内のマージン率向上<br>・品揃え強化<br>・小売業ブランドイメージの浸透 | ・カテゴリー内のマージン率向上強化<br>・小売業ブランドイメージ向上<br>・競合商品との差別化 | ・そのカテゴリー内で消費者が最初に選ぶ商品<br>・企業イメージを含めた企業の看板<br>・株主を満足させる |
| ・主要カテゴリーの商品<br>・売れ筋商品 | ・小売ブランドイメージ向上に貢献する商品グループの形成<br>・多品種小ロット | 企業そのものであり、また企業の有形・無形の付加価値を体現するような商品 |
| NBよりも5〜10%低価格 | NBと同等かそれ以上の価格 | 付加価値の提供に注力（価格で計らない） |
| 品質と価格の両面を考慮 | 品質が高く、他にないユニークな商品であること | 信頼 |

表4-1-2：テスコの主要PBライン

| | Tesco Value | Discounter Brand | Tesco | Finest |
|---|---|---|---|---|
| コンセプト | カテゴリー中最安値 | 競合店に対抗 | 価格のわりに品質が高い | NB以上の品質 |
| 戦略 | 価格重視 | 価格重視 | NBと同品質 | 高品質 |
| 価格帯（Tesco＝100） | 40 | 80 | 100 | 120〜150 |
| 備考 | | サブブランド有 | | |

出所：Tesco Annual Report, IGD（2009）および筆者店頭調査より

Tesco Value、Discounter Brand、Tesco、Finest という4ブランドを有している（表4-1-2）。このうち、Value が第2段階の特徴である[21]

---

(21)　他にオーガニック商品だけのPBラインである Tesco Organic や子供向け商品を対象とした Kids ラインを有している。

105

価格重視、Tesco が第 3 段階の特徴である NB よりやや低価格で小売業ブランドイメージの浸透を図るべく企業名を冠しており、Finest は NB と同等でかつ付加価値を付与した第 4 段階の特徴におおよそ合致する。これらはいずれも店頭で販売されており、共存している。

### 3．PB を展開する食品小売業態

　欧州で PB を取り扱う食品小売業は、おおまかに 3 つのタイプに分けることができる（表 4-1-3）。ひとつは PB 比率が20～50％のカルフールやテスコに代表されるスーパーマーケット、ハイパーマーケットである。次に、PB 比率が60～90％を占めるディスカウンターである。2009年食品小売業第 5 位のシュワルツが展開するリドルや、同 9 位のアルディなどが含まれる。そして最後に自社ブランド製品の販売がほぼ100％を占めるマークス＆スペンサーなどの小売業である。

　これら 3 タイプは、PB 比率だけではなく PB に対する戦略が異なる。PB 比率がほぼ100％の小売業の戦略を除くと、スーパーマーケットおよびハイパーマーケットとディスカウンターはいずれも NB 商品を取り扱う。その NB との差別化および PB 自体をブランド戦略のひとつと考えるのがスーパーマーケットおよびハイパーマーケットである。低価格で販売する PB もあるが、付加価値を付与した PB も販売し、比較的幅広い消費者をターゲットとしている。一方、ディスカウンターは差別化とは反対の方向性である。スーパーマーケットなどで定番品として四季を問わず売れている NB 商品をチェックし、売れ筋商品のみを PB 商品として開発、販売することを基本戦略としている。品目数を絞り、確実に売れる定番品のみを商品化しているため、生産数や販売数の予測がしやすく、かつ大量生産販売が可能であることから、低価格販売を他社との差別化戦略のひとつとしている。近年

第 4 章　所有特殊的要因としての PB

表 4-1-3：PB を取り扱う欧州食品小売業のタイプ

| | スーパーマーケット ハイパーマーケット | ディスカウンター | 自社ブランド販売主体 小売業 |
|---|---|---|---|
| 特徴 | ・一般的なスーパー ＆ハイパー業態 ・PB を販売戦略そし てブランド戦略の一 部としている | ・売場面積1,000m² 前後 ・SKU 1,000前後 ・徹底した価格訴求 ・定番品のみを PB 化 | ・自社ブランド製品が主 体 ・それ自体にブランド価 値をもっている小売業 も |
| 例 | Tesco（イギリス他） Carrefour（フランス 他） Asda（イギリス） | Aldi（ドイツ他） Lidl（ドイツ他） Dia（フランス他） | Marks & Spencer （イギリス） Migros（スイス） |
| PB 比率 | 20～50% | 60～90% | ほぼ100% |

出所：各種資料をもとに作成

では品質も上げていることからターゲット消費者層が広がってきてい
るが、元々は低所得者層をターゲットとしてきた。

　戦略が異なる両者は、ターゲットとする消費者も異なることから、
スーパーマーケットとディスカウンターが敷地内に隣接し、駐車場を
共有するなど、棲み分けができているとされてきた。しかし、ディス
カウンターが欧州各国に進出し、商品の品質を上げ、若干ではある
が品揃えを増加し、消費者層を広げるようになると、当該市場のスー
パーマーケットなどにとって競合となり、さらにはその存在が脅威と
も受け取られるまでになった。


## 4．PB を巡る競争

### 1）ディスカウンターにおける PB 戦略

　テスコが有する 4 ブランドを先に示したが、このうち最も新しく投
入されたのは Discounter Brand で、2008年のことである。このブラ
ンドのコンセプトは「競合店に対抗」である。そしてこの競合店と

107

は、ディスカウンターのアルディとリドルである。

　IGD（2009）によれば、ドイツでは、限定した品揃え、低コスト運営のストアをディスカウントストア業態と、それらディスカウントストアを展開するチェーンを総称してディスカウンターと呼称している(22)。このディスカウンターは売場面積、取扱品目数や主要取扱商品カテゴリーなどでハード、ソフトそして限定ラインと3つに分類される（表4-1-4）。限定ラインディスカウンターは売場面積が2,000m$^2$級で、生鮮食品をより多く取り扱い、陳列什器等にも配慮していることから、比較的スーパーマーケット業態に近い。ハードディスカウンターは、近年でこそ生鮮食品を取り扱うようになったが、それでも依然として加工食品（ドライグロサリー）の割合が高い。そして陳列什器に丁寧に陳列するなどコストをかけるオペレーションを行わない。スーパーマーケットの戦略とは一線を画している(23)。

　この限定した品揃えかつ低コスト運営を支えている要素のひとつがPBである。アルディやリドルが分類されるハードディスカウンターは、ディスカウンターの3分類のうち最もPB比率が高い。売場面積が1,000m$^2$程度と、テスコが展開する業態のうちの都市型スーパーよりも面積が狭い売場に、1,200品目程度の商品を取りそろえているの

---

(22)　アメリカで定義されているディスカウントストアは、衣料品、家具・調度品、家電製品の3ラインを幅広く品揃え、1カテゴリーの売上高だけで売上高全体の80%を超えないこと、また年間売上高1,000万ドル（10億円）以上＆従業員は常時50人以上／店などが規定されている（アメリカ商業センサスより）。
　　このアメリカで定義されているディスカウントストアをドイツではセルフサービス・デパートメントストアと呼称している。
(23)　近年では、展開する地域の環境に合わせ、生鮮食品を充実させるなど品揃えの配慮や、店舗内装や照明に配慮することなども行われるようになっている。しかし、基本のオペレーションはパレット陳列や段ボール箱陳列など、コスト削減を主目的とするものである。

第4章　所有特殊的要因としてのPB

表4-1-4：ディスカウンターの種類

| | ハード<br>ディスカウンター | ソフト<br>ディスカウンター | 限定ライン<br>ディスカウンター |
|---|---|---|---|
| 売場面積 | 1,000m²前後 | 1,500m²前後 | 2,000m²前後 |
| SKU面積 | 1,200以下 | ～4,000程度 | 4,000～7,000レベル |
| 品揃えの中心 | ドライグローサリー | 生鮮、チルドがHDより多い | HD、SDより生餅類が多い |
| NB vs. PB | NBは非常に限定されている、PBが70％以上 | PBも50％以上あるが、NBも取り扱っている | NBのほうが比率が高い |
| 店内の陳列 | 備え付け什器が少なく、パレットやダンボールのまま陳列 | 陳列棚が配置されている。（少なくとも3段程度の棚がある） | SMレベルの什器や陳列棚があり、商品が陳列されている |
| ポリシー | 低価格 | 低価格とともにサービスも少し重視 | HD、SDに比べサービス重視のレベルが高い |
| チェーン例 | Aldi、Lidl | Penny、Plus、Dia | Colruyt |

出所：IGD Research（2006）をもとに加筆
注：HD＝ハードディスカウンター、SD＝ソフトディスカウンター、SM＝スーパーマーケット

であるが、うち70％以上がPBである。

　このアルディやリドルが展開するPBは、企業名や店舗名を冠しないブランドである。カテゴリーごとなどに分けて独自のブランド名を配している。アルディを例にとると、菓子類はWINTERTRAUMブランドやMOSER ROTHブランド、乳製品はBIOブランドなどである。これらはアルディでしか販売されないためExclusive Brandと呼ばれる。このような商品は企業名が冠されていないことから、企業ブランドとしての付加価値を高める材料になりえないと思われがちである。しかし、企業名や店舗名が記載されないことにより、かえって商品ブランドの付加価値を上げようとしている。アルディはかつて「店に入る姿を隣近所には見られたくはない」と消費者が考える店であった。つまり、段ボール箱が積み上げられた店舗で低価格のPBを販売

109

するアルディで買い物をすることは、そこでしか買い物をするより選択肢がない労働者層や貧困層を主要ターゲットとする店であったからである。しかし、徐々にターゲット消費者の所得が上昇してきたこともあり、かつて低価格で品質が低い PB 商品の販売から、徹底したコスト削減やマーケティング戦略の実践により、品質など付加価値を重視し、付加価値が高いのに安い PB の提供へと方向を転換した。ターゲット消費者層の拡大を目指したのである。そこで、店舗名に低価格のイメージが付与されてきた経緯から、あえて PB に企業ブランド名を冠せず、メーカー商品を思わせるブランド名を付与することで、幅広い消費者層獲得の実現に寄与したのである。

## 2）競合他社の対抗策

このアルディ、そしてリドルは欧州各国に進出し、各国で市場シェアを向上させている。それでも各国の市場シェア第1位小売業に比してそのシェアが高いわけではない。しかし、各国でアルディやリドルの PB は安価ではあるが付加価値が高いと消費者に評価されていることから、各国市場シェア第1位の小売業を脅かす存在となっている。そのため、対策をとる小売業も出てきた。それが先ほど例として述べたテスコである。IGD（2011）によれば、テスコはイギリスの食品小売市場において30％近いシェアを有する。対するアルディやリドルは同市場において2〜3％ほどである。市場シェアの数字だけみれば、テスコが恐れる必要のない相手である。しかし、アルディなどディスカウンターの PB に対する消費者の評価が高いこと、またディスカウンターのイギリスにおける市場シェア成長率が著しいことから、テスコはこのアルディおよびリドルに対抗すべく、2008年に従来の PB ラインの中に新たに Discounter Brand というラインを投入した。Value ラインと Tesco ラインの中間にあたる PB ラインをつくり、アルディ

第4章　所有特殊的要因としてのPB

などが評価される価格は安い割に付加価値が高いというPB商品を提供しはじめたのである。それだけではなく、アルディなどが行っているExclusive Brandを模倣し、サブブランドを付与した。つまり、ブランド名としてはDiscounter Brandを付与し、かつサブブランドをカテゴリーごとに配したのである。たとえばDiscounter Brand PBラインの調味料はOak Laneブランド、日用雑貨品はDaisyブランドなどがあげられる。そして、これら商品の陳列棚に表示される価格表の隣には、アルディやリドルの同レベル商品との価格比較表が掲載されることもあるほど、徹底した対抗策をとっている。

## 5．PBと国際化

　このように欧州を中心として発展してきたPBは、食品小売業のマーケティング戦略において重要な位置の一角を占める。PB比率の高い小売業がときに海外進出市場先ですでに大きな市場シェアを有する小売業を脅かすほどの存在になる。そのPBは、欧州だけではなくアメリカや日本などにも広まっている。次節では、世界各国と日本の食品市場におけるPBの現状を俯瞰し、世界的にみても食品小売業におけるPBの重要性が高まっている現状を把握する。

# 第4−2節　世界各国と日本の食品市場におけるPBの現状

## 1．各国のPB比率

　欧州各国のPB比率は総じて高い。2009年世界各国別食品売上高PB比率をみると、46％のスイスを筆頭にイギリス、ドイツ、スペイ

111

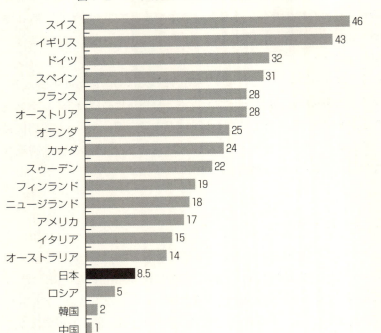

図4-2-1：世界主要各国のPB比率（2009年）

出所：Nielsen（2009）「The Rise of the Value —Conscious Shopper— A Nielsen Global Private Label Report」、富士経済2009年調査データ

ンと欧州各国が続く（図4-2-1）[24]。欧州18カ国（トルコ含む）のPB比率は平均23.5％である。これに対して北米は、カナダが欧州平均をわずかに超える24％であるものの、アメリカは17％に留まってい

---

(24) NielsenのPB比率は「特定の小売業あるいは小売チェーンで独自に販売されているブランド」という定義のもと、算定されており、PLMAの定義と概ね一致している。

第4章　所有特殊的要因としての PB

る。一方、日本は8.5％であり、他のアジア諸国と比べると高いものの、先進諸外国と比べると低い。

## 2．日本小売業の PB 導入理由

このように日本の PB 比率は欧米先進国に比して高いとはいえない。しかし、大手小売業を中心として PB 商品投入を積極化し、売上高に対する PB 比率を高めている傾向にはある。社団法人食品需給研究センター（2010）の小売業に対するアンケート調査によれば、調査年（2009年）とその3年前とを比較した際の PB 販売額の変化について、「1割未満の増加」と回答した企業が最も多かった。しかし年商500億円以上の小売業に限ってみると、「1～2割未満の増加」が57.1％と半数を超えた。そして、PB 販売数量の変化についても、年商1,000意円以上の企業のみでみると「1割～2割未満の増加」が半数を占めた。このように、大手小売業を中心に PB 投入を積極化し、売上高を増加させていることがわかる。日経 MJ 新聞（2011年6月29日）掲載の小売業アンケート調査でも、PB 商品取扱小売業は68.7％で、今後 PB 売上高を「増やす」と回答した小売業は61.4％、また PB 商品の品目数を「増やす」と回答した小売業は57.1％である。

なぜ、日本の小売業は PB 商品導入、販売の強化に取り組むのであろうか。社団法人食品需給研究センターの同調査によれば、小売業にとっての PB 強化メリットとして「競合他社との差別化」「企業ブランド価値の向上」「製造・流通コストの削減」があげられ、年商1,000億円以上の大手小売業に限ると、とくに「製造・流通コストの削減」に重点が置かれていた。このコストのうち、NB の仕入販売に比べて削減されたコストとして「製造コスト」「販売促進費」「広告宣伝費」「流通マージン」などがあげられている。これらコストの削減によ

113

り、PB の低価格を実現し、NB の仕入販売に比べて PB 強化による売上高や粗利益率への貢献といった経営的な効果につながっていると結論づけられている。実際に日本経済新聞（2011年 3 月 3 日朝刊）によれば、セブン－イレブンにおける PB の粗利益率は NB に比べて 7 ～ 8 ％高いという。つまり日本小売業にとっての PB は、競合他社との差別化や企業ブランド価値向上をはかりながら、コストを削減し、収益性を高めるものであるという認識なのである。

## 3．世界各国における PB 比率の差異と PB 導入による収益性

　以上の現状把握から 2 つの疑問が生じる。ひとつは、なぜ世界一の消費国であるアメリカの PB 比率はそれほど高くないのかということである。その市場規模が PB 成長を妨げているのであろうか。それらが当てはまるのであれば、日本にも同様に当てはまる可能性がある。この点について、小売市場における寡占化との関係が指摘されている。Tarzijan（2004）は、Delisser&Heliker（1994）や Reid（1995）が PB 比率は小売業の市場占有化率に比例すると述べていることを引用した上で、小売業の市場占有化と PB 比率について分析モデルを示し、小売業の市場占有化が進むにつれ PB 比率も上昇していると述べている。これに対して、Nenycz-Thiel（2011）は「オーストラリアでは食品小売業上位 2 社で全体の74％を占めているものの、食品市場における PB 比率は24％に過ぎない」と反論している。しかし、Tarzijan の議論に基づいて IGD Retail Analysis による2009年小売業データを見ると、PB 比率が最も高いスイスの食品小売市場における売上高上位 5 社が占める市場シェアは56.9％、イギリスは同81.0％、ドイツは同69.6％であるが、欧州各国に比べて PB 比率の低いアメリカは45.2％と、50％を下回っている（第 1 章　図 1-5-2）。そして、

第 4 章　所有特殊的要因としての PB

日本はさらに低く18.1% である（第 1 章　表 1 - 5 - 1 ）。この点からみると、寡占化との関係は無ではないと考えられる。

　もう一点は、PB は本当に収益性に貢献しているのかという点である。日本の小売業に対するアンケートでは粗利益率への貢献に対する評価が高かった。しかし、日本小売業、とくに PB 導入に積極的な売上高上位の大手小売業は、一部を除けば決して収益性は高くない。たとえば、世界第 1 位小売業のウォルマートの2009年における営業利益率は6.4%、第 2 位のカルフールの同3.2%、第 3 位のテスコの同5.4%であるのに対して、日本の大手小売業イオン（世界売上高第18位）の食品総合小売部門の同率は1.1％、イトーヨーカ堂（セブン＆ I ホールディングスとして世界売上高第16位）の同率は0.64％である。[25]これは、日本小売業の PB 導入が初期段階であり、利益に貢献するまでに至っていないことによる差なのであろうか。もし同比率を高めることが収益性につながっていなければ、戦略を変える必要性も考慮しなければならない。

## 4．分析に向けて

　以上、世界各国の食品小売業の PB 導入状況を確認した。現状からは、海外市場進出率の高い欧州各国の PB 比率はアメリカや日本などに比べてやや高い傾向にあることが認められた。そして、国際化比率

---

(25)　ウォルマートの本国市場であるアメリカ国内での営業利益率7.4％（会員制ホールセールを除く）である。また、カルフールの本国市場であるフランス国内での同率は3.2％、テスコの本国市場であるイギリス国内での同率は5.7％である。イオンのデベロッパー事業などを含めた総事業における営業利益率は2.6％である。また、イトーヨーカ堂の同率は2008年度のものであり、コンビニエンスストア業態のセブン－イレブンを含めたセブン＆ I ホールディングスとしての営業利益率は4.4％である。

の高い欧州各国は比較的 PB 比率も高く、国際化比率の低い国は PB 比率も低めであるという現状は、国際化に対する「所有特殊的優位」と議論されてきた PB との直接的な関係性を示唆しており、国際化と PB 比率との間における関係性を分析する意義はあると考える。

また、各国における PB 導入の特徴を洗い出す過程で、PB 比率と小売業の市場占有化率との関係性について議論がされている。さらに日本の食品小売市場においては、PB 比率も小売業の市場占有化率も低いということが確認された。小売業にとって PB 開発販売を収益源とする現状に対して、日本小売業の収益性はまだ低率であるということも明らかになった。PB の小売国際化への所有特殊的優位性を分析するにあたり、PB 比率と市場占有化率の関係性および PB 比率と収益性における関係性について把握しておくことも必要であると考え、合わせて分析する。

## 第4-3節　実証分析

これまでの議論をもとに、世界全体におけるトップ小売業を対象として、PB の国際化推進度合いへの影響に関する実証分析を行う。

### 1．分析対象と分析手法

既存研究および仮説より、PB 比率の国際化推進度合いへの影響をはかるべく、プロビット分析およびマルチプロビット分析を行う。国際化の有無と国際化推進の度合いを分析のパターンに応じて被説明変数とし、PB 比率が国際化有無、国際化推進それぞれにおいて決定要因となるのかを測定する。なお、国際化推進については推進度合いによる影響分析を目的にパターンを 2 つ設定する。一方、説明変数は、

第4章　所有特殊的要因としての PB

PB 比率に加えて国際化有無や国際化推進への影響について既存研究で指摘された要因を、本分析においても説明変数として用いる[26]。以上より、被説明変数および説明変数を以下に設定する。


・被説明変数

【プロビット分析】

パターン1）国際化有無（INT1；（国際化＝1、非国際化＝0））

パターン2）国際化推進度合い（INT2；（海外5市場以上進出＝1、海外5市場未満進出（非国際化含）＝0））

【マルチプロビット分析】

パターン3）国際化推進度合い（INT3；（海外5市場以上進出＝2、海外1市場以上5市場未満＝1、非国際化＝0））


・説明変数

小売業の本国市場における PB 比率（PBRATIO）：

　　PB 比率20％以上を1、それ未満を0とするダミー変数

小売業の本国市場における売上高（NTLSALES）：

　　06年本国市場における売上高（US ドルに統一、自然対数に転換）

小売業の本国市場における売場面積（SALESPACE）：

　　06年本国市場における売場面積（$m^2$に統一、自然対数に転換）

小売業の総営業利益率（TPROFIT）：

　　01－06年平均総営業利益率（％）

キャッシュフロー比率（CASHFLOW）：

　　小売業の06年キャッシュフロー比率（％）

---

（26）　横井（2009b）にて、既存論文より小売業国際化要因を整理しており、それらをもとに横井（2009a）にて国際化要因を説明変数とした実証分析を行っている。

小売業の本国市場における売上高成長率（SALESGROW）：
　　　　01－06年本国市場における売上高成長率（％）
　　本国市場規模（MKTSCALE）：
　　　　本国市場の小売売上高規模（US ドルに統一、自然対数に転換）
　　家電量販店ダミー（ELEDUMMY）：
　　　　主業態が家電量販店を１、それ以外を０とするダミー変数

　　各小売業の PB 比率であるが、正確に取得することが困難な状況に
直面した。理由のひとつは、世界売上高上位企業であっても具体的な
数値は非公表という企業が存在することであり、もうひとつは、公表
されていても数値が「約○％」あるいは「数％レベル」といった抽象
表現にとどまる企業が多数存在することである。よって、現時点で得
られるデータで分析を行う上での正確性を保つため、本分析において
は本国市場における PB 比率が20％以上か未満かを示すダミー変数を
利用することにする。20％を基準としたのは、対象小売業が所属する
本国市場の PB 比率平均（19.13％）からである 。また、収益性をはか
る指標として営業利益率を用いる。Moatti and Dussauge（2005）が
指摘するように、小売業の収益性をはかる指標として既存論文におい
て広く利用されているためである。ただし、今回は海外事業も含めた
総営業利益率を利用する。本国市場の営業利益率は非公表の小売業が
多く、公表の小売業のみでは分析に耐えるサンプル数の確保が叶わな
いためである。また営業利益率は年毎の差異を考慮し、2002－2006年
の５年間の平均値とする。この総営業利益率およびキャッシュフロー
比率が公表されている企業数は62社である。そこから食品小売業のみ
を抽出すると43社となり、50社を下回る。そのため、本分析において
は食品小売業以外にドラッグストアと家電量販店の計19社を含めて分
析をする。その際、PB 販売が稀有な家電量販店業態については、家

118

第4章　所有特殊的要因としてのPB

電量販店ダミー変数を設定した。

　分析手法は田村（2004）、横井（2009a）を参考に、上述の3パター
ンの国際化ダミーを被説明変数としたプロビット分析およびマルチプ
ロビット分析モデルで行う。ここでは1）国際化の有無（INT1）を
例としてモデルを示す。

$$Y(INT1)$$
$$= \alpha_0 + \beta_1(PBRATIO)$$
$$+ \beta_2 \log(NTLSALES)$$
$$+ \beta_3 \log(SALESPACE)$$
$$+ \beta_4(TPROFIT)$$
$$- \beta_5(CASHFLOW)$$
$$+ \beta_6 \log(SALESGROW)$$
$$+ \beta_7 \log(MKTSCALE)$$
$$+ \beta_8(ELEDUMMY)$$

## 2．使用データと対象小売業

　Delcitte Touche Tohmatsu および Planet Retail 社収集の2006年度小
売業データを利用し、各社アニュアルレポートの情報を追加してデー
タベースを構築した。対象小売業は Deloitte Touche Tohmatsu が発表
している世界売上高上位250社のうち、書籍販売業態および無店舗販売
業態を除いた147社を選出した。このうち、収益性をはかる営業利益率
およびキャッシュフロー比率が非公表の小売業を除いた計62社を対象
とした。

119

## 3．分析結果

　分析結果は表4-3-1のとおりである[27]。まず、パターン1）の結果から、国際化有無の決定要因にPB比率の高さは影響しないことが明らかになった。次に、パターン2）の結果から、海外5市場以上進出にはPB比率の高さはプラス要因となることが判明した。そしてパターン3）の結果から、海外1～4市場進出ではPB比率の高さはプラス要因にならないが、5市場以上進出となるとPB比率がプラス要因となった。これは国際化有無および国際化推進度合いを被説明変数に、PB比率のみを説明変数とした分析結果でも同様である（表4-3-2）。以上より、一定の国際化推進にPB比率はプラス要因であることが確認できた。

　次に、営業利益率は国際化推進に対してプラス要因になることは認められなかった。一方、補足分析ではPB比率と営業利益率の間には相関性がみられた（補足：表A-2）[28]。小売業が収益性を高めるためにPBを積極的に導入していることが、実際のデータによる分析においても確認できたことになる。しかし、PB比率は小売業の国際化推進に影響するものの、営業利益率は国際化推進には影響しなかった。

　この理由であるが、ひとつにはデータ取得の制約上、営業利益率が海外市場での実績を含めた総営業利益率を用いていることがあげられる。さらに、小売業の国際化は途上にあり、海外市場進出先での収益性向上には時間がかかることが考えられる。小売業は、近隣諸国に進

---

(27)　第4-2節で議論されたPB比率と市場占有化率、PB比率と収益性についても分析を行った。補足に結果を示す。

(28)　ただし、PB比率の高さが営業利益率に影響しているのか、あるいは逆かという点については補足分析では明らかにできなかった。詳細は後述の補足分析を参照のこと。

第4章　所有特殊的要因としてのPB

**表4-3-1：分析結果**

パターン1）

|  | 係数 | t－値 |
|---|---|---|
| PBRATIO | 0.47 | 1.06 |
| NTLSALES | 0.37 | －0.50 |
| SALESPACE | 0.34 | 1.62 |
| TPROFIT | 0.24 | 0.60 |
| CASHFLOW | 0.20 | 0.81 |
| SALESGROW | 0.26 | 0.61 |
| MKTSCALE | 0.25 | －2.63 *** |
| ELEDUMMY | 0.64 | 2.55 *** |
| _CONS | 0.25 | －0.42 |

パターン2）

|  | 係数 | t－値 |
|---|---|---|
| PBRATIO | 0.54 | 2.17 *** |
| NTLSALES | 0.43 | －0.40 |
| SALESPACE | 0.40 | 1.10 |
| TPROFIT | 0.27 | 0.29 |
| CASHFLOW | 0.26 | 1.09 |
| SALESGROW | 0.36 | －0.55 |
| MKTSCALE | 0.30 | －3.12 *** |
| ELEDUMMY | 0.74 | 2.22 *** |
| _CONS | 0.35 | －3.20 |

パターン3）

|  | 係数 | t－値 |
|---|---|---|
| 1 ｜ | (base outcome) | |
| 2 ｜ | | |
| PBRATIO | 0.77 | －0.30 |
| NTLSALES | 0.57 | －0.29 |
| SALESPACE | 0.53 | 1.32 |
| TPROFIT | 0.27 | 0.53 |
| CASHFLOW | 0.32 | 0.11 |
| SALESGROW | 0.37 | 0.90 |
| MKTSCALE | 0.40 | 1.05 |
| ELEDUMMY | 0.94 | 1.81 *** |
| _CONS | 0.38 | －1.63 |
| 3 ｜ | 係数 | t－値 |
| PBRATIO | 0.77 | 1.89 *** |
| NTLSALES | 0.61 | －0.48 |
| SALESPACE | 0.58 | 1.54 |
| TPROFIT | 0.40 | 0.48 |
| CASHFLOW | 0.36 | 1.02 |
| SALESGROW | 0.58 | －0.06 |
| MKTSCALE | 0.44 | －3.19 *** |
| ELEDUMMY | 1.12 | 2.64 *** |
| _CONS | 0.48 | 2.37 |

注：***：1％有意水準、　**：5％有意水準、　*：10％有意水準

**表4-3-2：分析結果（説明変数をPB比率ダミーのみに設定）**

パターン1）

|  | 係数 | t－値 |
|---|---|---|
| PBRATIO | 0.47 | 1.06 |
| _CONS | 0.25 | －0.42 |

パターン2）

|  | 係数 | t－値 |
|---|---|---|
| PBRATIO | 0.99 | 2.84 *** |
| _CONS | －0.82 | －3.62 |

パターン3）

|  | 係数 | t－値 |
|---|---|---|
| 1 ｜ | (base outcome) | |
| 2 ｜ | | |
| PBRATIO | 0.57 | －0.20 |
| _CONS | 0.30 | －1.60 |
| 3 ｜ | | |
| PBRATIO | 0.50 | 2.47 *** |
| _CONS | －1.63 | －2.26 |

注：***：1％有意水準、　**：5％有意水準、　*：10％有意水準

121

出することは以前からあったものの、世界的な規模で本格的に国際化を推進するようになったのはここ10数年ほどのことである。元来が地場産業である小売業は、地元での知名度は高いものの、製造業のように他市場で築き高めたブランド力をもって世界的な知名度に発展させている企業は少ない。ゆえに、海外市場進出に際しても、まず現地市場で店舗数を増加させ、認知度を少しずつ高めていくことが求められる。出店してから集客力を高めて利益に反映させるためには時間がかかるため、進出市場数や出店数の多いことがすぐに営業利益率に結びつかない場合が多々ある。ゆえに、本分析ではプラス要因としての結果は得られなかったが、今後、母数は絞られるものの本国市場における営業利益率が公表されている企業を対象として時系列データによる分析に取り組み、営業利益率と国際化推進との関係性を明らかにしていきたい。

そして、本国市場規模がマイナス要因になった。これは本国市場規模が小さい企業ほど海外に活路を求めていると考えられる。アメリカの市場規模を100とすると、日本は40、フランスやドイツ、イギリスは15である。[29] 市場規模が大きなアメリカと日本の非国際化率が高いと先述した。この実状と本分析結果は一致する。

家電ダミーはプラス要因となった。同業態はほとんどPBを持たず、海外市場販売でもソニー製やフィリップス製といったNBを販売することが主体である。[30] ゆえに、それら製造企業が有する世界的ブランド力や配送網に影響される部分が大きい。地元食材を取り扱うことなど、現地適応化戦略を求められがちな食品小売業態と比較すると、国際化しやすいと考えられる。

---

(29) Planet Retail のデータから算出
(30) 厳密には、特定の家電量販店のみに販売されるメーカー品というのもあるが、現時点ではそれらを PB とはみなしていない。

第4章　所有特殊的要因としてのPB

## 第4-4節　考察

　以上より、PB比率の高さは国際化推進度合いにプラス要因となる
ということが明らかになった。諸研究において事例として取りあげら
れたPBは、国際化推進における所有特殊的優位となりうるというこ
とが実証分析においても確認することができた。ただし、小売業の業
績データやPB比率をはじめとするオペレーションにかかるデータ取
得が困難であることから、本研究における実証分析は一定の条件のも
とに行った分析の結果であることは留意しなければならない。また、
PB比率と一定の国際化推進における相関性は確認できたが、2006年
単年データでの分析であることから、PB比率が高いことが国際化推
進に影響しているのか、国際化推進がPB比率の高さに影響している
のかについては確認できていない。さらに、PB比率の高さが本国市
場における収益寄与をした結果として海外市場への投資力にもつな
がったのか、あるいはPB比率の高さがブランドとしての知名度につ
ながり、海外市場におけるマーケティング活動に活かされているのか
などは明らかにできていない。これらはデータ収集も含めて今後の課
題である。

　PB開発および販売強化は、小売業の国際化推進における所有特殊
的優位になりうることが確認できたことから、日本小売業は日本市場
の消費力低下に呼応すべく今後国際化を推進していくべきだという議
論がある中で、小売業が本国市場にてPB強化を打ち出している方向
性は利にかなっているともいえる。しかし、後述の補足分析でも明ら
かなように、PB比率に対して市場占有化比率、営業利益率はプラス
要因となっている。日本小売業界の市場占有化比率は欧米諸国に比べ
て低く、また営業利益率も同様に低い。PB比率の高さが市場占有化

123

比率や営業利益率に影響しているのか、市場占有化比率や営業利益率がPB比率の高さに影響しているかは本研究では明らかにできなかったが、国際化推進をふまえた日本小売業のPB強化という視点において研究していく際には、本国市場における市場占有化比率や小売業の営業利益率との関係も検討が必要であろう。

## 補足

第4章において議論されたPB比率と市場占有化比率、PB比率と収益性との関係を分析した。まず、PB比率ダミーを被説明変数とし、本国の食品小売市場における売上高上位5社の市場占有化比率を説明変数とする実証分析を行った。食品小売市場における上位集中度を測定することから、本章で用いたデータのうち、食品小売業を抽出し、上位5社の市場占有化比率（FIVE）を説明変数とする分析を行う。

$$Y(PBRATIO) = \alpha_0 + \beta_1(FIVE)$$

その結果、本分析においてもPB比率の高さと本国市場における市場占有化には相関性が高いということが確認できた（表A-1）。

次にPB比率と収益性について、本章における実証分析で用いた全データを利用して分析を行った。PB比率ダミーを被説明変数とし、本国市場における売上高、総営業利益率、キャッシュフロー比率を説明変数とした。

$$Y(PBRATIO) = \alpha_0 + \beta_1\log(NTLSALES) + \beta_2(TPROFIT) + \beta_3(CASHFLOW)$$

第4章 所有特殊的要因としてのPB

　その結果、本国市場における売上高や総営業利益率はプラス要因となることが明らかになったが、キャッシュフロー比率は影響がなかった（表A-2）。

　以上から、PB比率の高さと市場占有化比率、またPB比率の高さと売上高および収益性には高い相関性があることが明らかになった。日本小売業のPB強化戦略による収益増への期待という方向性も分析により確認することができたといえる。

表A-1：分析結果

|  | 係数 | t-値 |
|---|---|---|
| FIVE | 0.05 | 4.22 *** |
| _CONS | -2.57 | -4.24 |

注：***：1％有意水準、　**：5％有意水準、　*：10％有意水準

表A-2：分析結果

|  | 係数 | t-値 |
|---|---|---|
| NTLSALES | 0.21 | 3.92 *** |
| TPROFIT | 0.24 | 3.68 *** |
| CASHFLOW | 0.20 | -0.99 |
| _CONS | 0.22 | -3.42 |

注：***：1％有意水準、　**：5％有意水準、　*：10％有意水準

# 第 5 章　小売国際化成功要因

## 第5-1節　国際化における目的とゴール

　企業が国際化する目的はひとつではない。国際経営学の理論研究において議論されてきた要因として、需要に起因する市場要因、競合企業の海外進出に起因する競争要因、人件費や固定費が安価な市場での製造を目的とするコスト要因、技術革新により海外市場進出が容易になることに起因する技術要因、そして当該市場が海外直接投資（FDI）に対して優遇政策をとることに起因する政治政策要因などがあげられる。こうした一般化要因に加えて、小売業の国際化については Dawson（1994）や Alexander（1997）らにより、市場飽和や出店規制といった本国市場要因などもあげられている。

　このような要因を背景に、小売業は海外市場に進出する際にはどの市場に参入するのか、いつ参入するのか、そしてどのような形式で参入するのかという意思決定が重要になる。その決定により市場に参入した後には、本国市場で行ってきた事業を海外の市場においていかに適応させるかが求められる。本国市場での事業モデルを忠実に導入するにせよ、現地に合わせたモデルに適応していくにせよ、事業モデルを導入するために現地に組織体制を整える必要がある。そして新たな取引関係を築き、物流網を構築するなどのプロセスを経ることになる。さらに、多国籍企業化していく段階になると、本社と子会社の間だけではなく、子会社と子会社の間においても、それぞれの資源や知識を共有し、必要に応じて効率化するなど、調整や統合が求められる。

　では、国際化目的の先にある目標地点、つまりゴールは何であろうか。本書で対象とする小売業、とくに食品小売業の国際化のゴールは何であろうか。Burt et al.（2008）は、1960年代から海外市場に参入し、自ら国際化小売業と名乗るカルフール、デレーズ、アホールドの欧州

第5章　小売国際化成功要因

食品小売業3社の公表資料等から、上場企業においては株主視点による業績パフォーマンスの向上、そして海外市場の消費者の需要を満たすための店舗業態や店舗改革を含めたオペレーションの効率化の達成をあげている。そして、それら2つの達成は海外市場におけるスケールの拡大につながり、それが最も重要なゴールであるとまとめている。

　このスケールとは、売上高市場シェア（以下、市場シェア）を指している。小売業にとって、参入市場における市場シェアの確保は重要である。小売業は基本的に仕入販売のビジネスであることから、大量に安価で仕入れて広範に販売する事業が基本となる[31]。それは、製造業に比して収益性の高いビジネスではない。世界的に見て効率の良い経営をしているウォルマートの営業利益率でも、ネスレなど世界的な食品製造業の半分程度となる約5.9%（2013年1月期）である。小売業は薄利多売を基本とするビジネスなのである。ゆえに、少しでも売り先を多く確保し、市場シェアを伸ばすことは、利益高を増加させるために必要な要素である。

　次に、このゴールに叶った戦略および選択は何になるのだろうか。これまでの研究から、海外市場への参入目的とその要因、参入後の現地市場への適応プロセス、そして多国籍企業のマネジメントプロセスの概念化により、企業における一連の国際化プロセスは明らかになっているが、国際化のゴールに近づくための要因分析は乏しい。そして、このゴールに近づける要因は何であるのかを把握することは、今後の日本食品小売業の国際化戦略を考慮する際に有益になると考える。

　以上から、本章では国際化のゴールを当該市場における市場シェアの獲得、そのゴールに近づく要因を成功要因と定義し、この成功要因を明らかにすることを目的に分析を行う。

---

(31)　PB比率が100%小売業は、PB製造を委託する場合を除き、ナショナルブランド製造業からの商品仕入というプロセスは経ない。しかし、そのPBを広範に販売する事業である点は同じである。

## 第5-2節　成功要因仮説

第4章までに議論をした小売業国際化の現状と課題、そして既存研究整理より、以下を成功要因とする仮説を設定する。

### 1．海外市場への距離／地域性

食品小売業の現在までの海外市場進出状況を見ると、1960年代にアホールドやアルディなど欧州小売業が同じ欧州地域（当時は西欧）の市場への進出を行っていたこと、アメリカの小売業が隣国のカナダやメキシコへの進出から海外市場進出を開始するなど、本国市場と同じ地域内、あるいは近距離市場への進出から開始されている場合が多い。また既存研究においては、Myers and Alexander（2007）が小売業の海外市場拡大要因のひとつとして、本国市場と参入市場との地理的距離の近さを挙げている。

よって以下の仮説を設定する。

仮説1：本国市場からみて近距離／同地域市場への参入は市場シェア
　　　　獲得要因となる

### 2．市場への参入順

市場シェアの獲得は、競合企業との争いである。国際化要因のひとつとして、競合企業の海外進出に起因する競争要因を先に挙げている。それは進出市場先で競合企業に先を越され、シェアを奪われることを避けるため、あるいは競合企業よりも先んじてシェアを確保する

第5章　小売国際化成功要因

図5-2-1：台湾食品小売市場における2000年の小売業別売上高シェア（％）

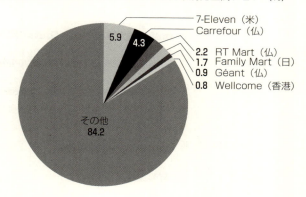

出所：Planet Retail 社データより作成
注：食品およびドラッグストアを含んだ市場を母数としている

ことが、国際経営においては有利だと考えられているからである。

　小売業においてもその状況は散見される。たとえば、カルフールは1989年に台湾に進出した。台湾資本とパートナーシップを組み、台湾市場シェアを拡大するとともに、同資本とともに中国大陸進出の準備を周到に行った。カルフールの台湾市場参入から11年後の2000年にテスコは台湾市場に参入した。そのときすでにカルフールは台湾食品小売市場における市場シェアが第2位であった。同首位のセブン-イレブンをはじめ、上位小売業は外国資本企業である。テスコの主要業態のひとつであるハイパーマーケットで比較しても、カルフールの他、フランスのオーシャンが展開するRT Mart、同じくフランスのカジノ（Casino）が展開するGéantが競合する市場環境であった（図5-2-1）。

　それから5年後の2005年にテスコは台湾市場からの撤退を決意する。同時期、カルフールは東欧のチェコおよびスロバキア市場で苦戦を強いられていた（図5-2-2）。1990年代に西欧の食品小売業は市場が開放された東欧市場に積極的に進出した。テスコは1996年に、カ

131

図 5-2-2：チェコ食品小売市場における2000年と2005年の小売業別市場シェア（%）

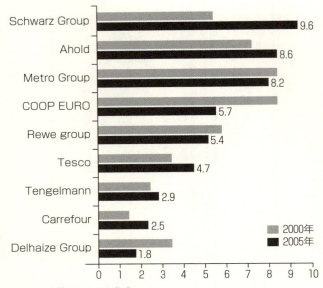

出所：Planet Retail 社データより作成
注：食品およびドラッグストアを含んだ市場を母数としている

ルフールは1997年に、すでにアホールドなどが先に進出していたチェコ市場に参入した。2005年になると、テスコは多少シェアを伸ばし業界第6位になったが、カルフールはテスコほどの成長はできず、同じ1997年に参入したドイツのシュワルツに圧倒され、同市場での成長が期待できない状況になった。そこで2005年9月、テスコの台湾6店舗と、カルフールのチェコ11店舗、スロバキア4店舗を相互譲渡（スワップ）することで合意し、テスコは台湾市場から、カルフールはチェコおよびスロバキア市場から撤退した(32)。これにより、カルフールは台

---

(32) 双方の店舗数には差があることから、テスコは台湾の4店舗の他に、5,740万ユーロをカルフールに支払うことで合意している。

第 5 章　小売国際化成功要因

湾市場の市場シェア拡大を、テスコはチェコおよびスロバキア市場で
のシェア拡大を目指すことになったのである。

　このような現状、また Gielens and Dekimpe（2001）による欧州内
の小売業による欧州内市場への進出状況についての実証分析で、早期
市場参入がその市場での長期間における事業成功を導く要因であると
の結果から、以下の仮説を設定する。

仮説 2 ：海外の各市場に参入する順番の早さは、市場シェア獲得要因
　　　　となる

## 3．市場参入形式

　海外市場参入形式は既存研究において数多く議論されてきた。Hill
et al.（1990）は、企業特有のノウハウを有する場合はその知識流出を
最小限に抑える形式での参入を模索すると指摘している。小売業に特
化した研究では、Myers and Alexander（2007）は初期投資コストが
低いフランチャイズ形式での参入が進んだと指摘し、Doherty（2009）
は調査結果より参入市場のリスクやコスト等が低く、マネジメント能
力に乏しい場合はグリーンフィールド（独立資本；以下、独資）形式
での参入を行い、それらが高くなるとフランチャイズ形式で参入する
としている。

　参入形式は独資、フランチャイズ形式のみならず、買収や合弁会社
設立、資本提携など多岐にわたる。日本市場に参入した外国資本（以
下、外資）の食品小売業をみると、コストコは1999年に100％子会社で
あるコストコ・ホールセール・ジャパン株式会社を通じて福岡県に 1
号店を開店した。カルフールは1999年に100％子会社としてカルフー
ル・ジャパンを設立し、翌2000年に千葉県に 1 号店を開店した。しか

133

しその後に参入したメトロ、ウォルマート、テスコはいずれも独資以外の参入形式を選択している。2002年に参入したドイツのメトロは、日本の商社（丸紅）との合弁会社によりメトロ・キャッシュアンドキャリー・ジャパンを設立した。2002年にはウォルマートが西友の株式6.1％を取得して参入、その後も株式取得を続け2005年に完全子会社とした。テスコも2003年にシートゥーネットワークを買収し、日本市場に参入している。このように参入方式はそれぞれ異なる中、すでに早期参入で独資形式のカルフールが撤退している現状をみると、独資参入が必ずしも市場シェア要因になるとは限らないのではないかと考える。[33] そこで、既存研究で指摘されたフランチャイズ方式の利点も鑑み、以下の仮説を設定する。

仮説 3 ：独資による参入は海外市場シェア獲得要因とはならない

## 4．所有特殊的優位性

　第4章において、海外市場参入における所有特殊的優位性を有すると議論されてきたPBは、小売業の国際市場展開数との間に相関性があるという結果を得た。そこで、海外市場における市場シェア獲得の要因ともなるという仮説を設定し、検証を試みる。

仮説 4 ：所有特殊的優位性（PB）は海外市場における市場シェア獲得要因となる

---

(33)　カルフールは2005年に、そしてテスコは2012年に日本市場から撤退している。

第5章　小売国際化成功要因

## 5．資金調達力

　市場シェアを獲得するためには、当該市場における売上高を増加させることが求められる。売上高を増加させるためには、店舗数の増加や出店地域の拡大、広告等による集客力を増すこと等が求められる。これら活動には投資が必要になることは自明である。それも必要な時期に必要な分の資金を調達し、適切なタイミングで投資をしていくことが、競合企業との市場シェア争いで有利に働くひとつの要素になると考える。

　資金調達の手段として一般的なのは、新株や社債の発行など金融市場での調達、銀行からの借入である。ところで、食品小売業は非上場企業が多い。Deloitte Touche Tohmatsu 発行の世界小売業売上高ランキング上位100社のうち、本書で定義する食品小売業を抽出し、さらに上場・非上場企業に分けてその推移をみると、約4割が非上場企業である（表5−2−1）。次に、総売上高に占める海外市場の売上高比率推移をみると、2002年から2007年までは非上場企業が上場企業を上

表5−2−1：世界小売売上高上位100社に占める上場・非上場企業別食品小売業数推移

|  | 上場 | 非上場 | 合計 |
|---|---|---|---|
| 2000 | 30 | 14 | 44 |
| 2001 | 34 | 14 | 48 |
| 2002 | 33 | 19 | 52 |
| 2003 | 34 | 19 | 53 |
| 2004 | 34 | 20 | 54 |
| 2005 | 36 | 20 | 56 |
| 2006 | 34 | 22 | 56 |
| 2007 | 33 | 23 | 56 |
| 2008 | 36 | 19 | 55 |

出所：Deloitte Touche Tohmatsu（2002; 2003; 2004; 2005; 2006; 2007; 2008; 2009; 2010），
　　各社アニュアルレポートより作成

135

回っていることがわかる（図5-2-3）。しかし、平均海外市場売上高の推移をみると、上場企業が非上場企業を大幅に上回っている（図5-2-4）。上場企業の株式市場における資金調達力が、適切な投資を

図5-2-3：上場・非上場企業別平均海外売上高比率推移（％）

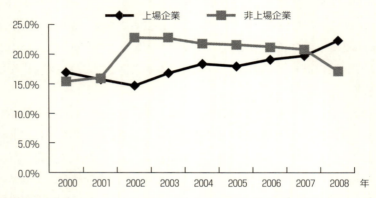

出所：Deloitte Touche Tohmatsu（2002; 2003; 2004; 2005; 2006; 2007; 2008; 2009; 2010），Planet Retailデータより作成

図5-2-4：上場・非上場企業別平均海外売上高推移（百万USドル）

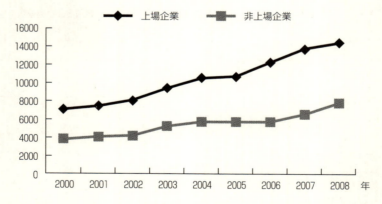

出所：Deloitte Touche Tohmatsu（2002; 2003; 2004; 2005; 2006; 2007; 2008; 2009; 2010），Planet Retailデータより作成

第5章　小売国際化成功要因

可能とし、海外市場における平均売上高の大きさに影響を与えている
のではないかと考える。よって、以下の仮説を設定する。

仮説5：上場企業は海外市場における市場シェア獲得要因となる


## 6．本国市場における競争力

　第1章において、日本の食品小売業は欧米食品小売業に比べて本国
市場における占有率が低く、それが生産性や収益性に影響を与えてい
ると指摘した。そしてそれら要因が国際競争力にも影響するとの仮説
を提示した。また、本国市場における業績悪化も小売業の海外市場撤
退要因のひとつとして Alexander and Quinn（2002）が指摘している。
　よって以下の仮説を設定し、検証を試みる。

仮説6：本国市場での高い市場シェアは、海外市場における市場シェ
　　　　ア獲得要因となる


# 第5-3節　分析

以上の5つの仮説を検証するために実証分析を行う。


## 1．分析手法

　Gielens and Dekimpe（2001）および Gripsrud and Benito（2005）
をもとに、クロスセクションデータによる OLS 分析を用いる。分析
モデルは以下のとおりである。

137

$$Y(\text{LATSTMKTSHARE}) = \beta^{1}(\text{AREADM}) + \beta^{2}(\text{CONTIGNUITYDM})$$
$$+ \beta^{3}(\text{COLONYDM}) + \beta^{4}(\text{LANGDM})$$
$$+ \beta^{5}(\text{BIZFREE}) + \beta^{6}(\text{GREENDM})$$
$$+ \beta^{7}(\text{ENTRYORDER}) + \beta^{8}(\text{CONTINUOUSYR})$$
$$+ \beta^{9}(\text{GDPCAPITAGROWTH}) + \beta^{10}(\text{PUBLICDM})$$
$$+ \beta^{11}(\text{PBRATIO}) + \log\beta^{12}(\text{HMMKTSHRE}) + \alpha$$

## 2．分析対象

本分析においては、食品小売業が展開する食品小売業態を分析対象とする。よって、食品小売業が展開する業態のうち、食品小売業態（大型総合スーパー、食品スーパーなど）を対象とし、非食品小売業態（百貨店、ドラッグストアなど）は分析対象から除外する。たとえば、セブン＆Ｉホールディングスが展開する食品小売業態であるセブン－イレブン、イトーヨーカ堂は分析対象となるが、百貨店業態である西武百貨店やそごうは分析対象とはならない。

次に対象企業であるが、Deloitte Touche Tohmatsu（2011）の2009年度小売業売上高ランキングのうち、上位125社から食品小売業を抽出し、そのうち海外市場に参入している小売業56社から、データ上制約のある４社を除き、上場・非上場企業を合わせた計52社を対象とする。[34] 非上場企業を含めた分析は、同企業が情報非公表のことも多い

---

(34)　データ不備による除外対象小売業はS Group、ICA、SPAR（Austria）である。また海外市場進出先の情報が不明のため、除外対象となるのはSearsである。Searsの海外進出先は１市場でプエルトリコである。そのプエルトリコはアメリカ自治連邦区に属していることから、市場に関するデータが取得できないため、対象企業から除外した。なお、Edekaは、2009年時点では海外市場進出数がゼロであるが、2000－2009年までの10年間に複数の市場に参入していた経験があることから、分析対象企業数に含めている。

第 5 章　小売国際化成功要因

ことから敬遠されやすい。しかし、本分析においては上場企業であることが市場シェア獲得要因になりうるという仮説を提示していることから、データ収集に努めた。また、本分析の対象となる52社のうち、上場企業は32社、非上場企業は20社と、売上高上位企業の約 4 割が非上場企業である。非上場企業を無視した分析は、結果に偏りが出ることは否めない。よって、上場・非上場の両企業を対象とする。


## 3 ．分析期間

2000年から2009年までの10年間を対象とする。分析対象となる小売業の海外進出は1960年代からはじまっているが、アジア市場や中南米市場などの新興市場に積極的に進出しはじめたのは1990年代以降である。進出後の成果を測ることを目的とすることから、上記期間を設定した。


## 4 ．使用データ

小売業に関する各種データは、Planet Retail 社による Retail データ、小売業各社アニュアルレポートおよびニュースリリースの情報を収集してデータベース化した。Planet Retail 社のデータは、Gielens and Dekimpe（2001）や Moatti and Dussauge（2005）、Elsner（2013）他、世界各国の食品小売業を対象とした実証分析研究において使用されていることから採用した。対象小売業数が多く、市場別の売上高シェアを経年で有する点も本分析に適していると判断した。そして、本国市場と海外市場との間の地理的な距離やエリア、言語の相違、本国市場による過去および現在の植民地経験についてはフランスの国際経済研究機関 The CEPII（Centre d'études prospectives et d'informations internationales）による The GeoDist Database データを

139

利用した。海外市場におけるビジネス展開の容易度については、アメリカのシンクタンク Heritage Foundation および Wall Street Journal による Index of Economic Freedom データを利用した。人口ひとりあたり GDP 成長率は、United Nations の Total Population および台湾政府統計局データより人口を、World Bank の National Accounts

表5-3-1：分析データに含まれる小売

### 小売業名

| | | | |
|---|---|---|---|
| AEON | Conad | Kesko | Seven & I |
| Ahold | Coop Italia | Laurus | Shinsegae |
| Aldi | Couche-Tard | Leclerc | Système U |
| Auchan | Daiei | Lotte Shopping | Tengelmann |
| Baugur | Dairy Supermarked | Marks & Spencer | Tengelmann |
| Boots | Edeka | Metro Group | Tesco |
| Caprabo | El Corte Ingles | Migros | Uny |
| Carrefour | FamilyMart | Reitan | Walmart |
| Casino | HE Butt | Rewe Group | Whole Foods Market |
| CBA | ITM (Intermarche) | Safeway（USA） | Winn-Dixie Stores |
| Cencosud | Jeronimo Martins | Sainsbury | Woolworths（AUS） |
| Colruvt | John Lewis | Schwarz Group | X5 Retail Group |

### 本国市場名

| | | | |
|---|---|---|---|
| Australia | France | Japan | Spain |
| Belgium | Germany | Netherlands | Sweden |
| Canada | Hong Kong | Norway | Switzerland |
| Chile | Hungary | Portugal | UK |
| Denmark | Iceland | Russia | USA |
| Finland | Italy | South Korea | |

第5章　小売国際化成功要因

Data および台湾政府統計局データより GDP データ（2005年 US ドル基準）を取得した。これらをもとに構築した小売業データベースを分析に使用する。

　使用データに含まれる小売業名、同小売業が属する本国市場名、および同企業が2000-2009年の間に進出した海外市場名を表5-3-1に

**業とその本国市場および参入した海外市場**

対象小売業が参入している海外市場名

| | | | |
|---|---|---|---|
| Albania | Ecuador | Lebanon | Saudi Arabia |
| Algeria | Egypt | Lithuania | Senegal |
| Angola | El Salvador | Luxembourg | Serbia |
| Argentina | Estonia | Madagascar | Singapore |
| Australia | Finland | Malaysia | Slovakia |
| Bahamas | France | Malta | Slovenia |
| Bahrain | Gabon | Mauritius | South Korea |
| Belgium | Germany | Mexico | Spain |
| Benin | Greece | Moldova | Sweden |
| Bosina and Herzegovina | Guatemala | Morocco | Switzerland |
| Brazil | Honduras | Netherlands | Taiwan |
| Bulgaria | Hong Kong | New Zealand | Thailand |
| Cameroon | Hungary | Nicaragua | Togo |
| Canada | India | Norway | Tunisia |
| Chile | Indonesia | Oman | Turkey |
| China | Iran | Pakistan | UAE |
| Colombia | Ireland | Paraguay | UK |
| Congo | Italy | Peru | Ukraine |
| Costa Rica | Japan | Poland | Uruguay |
| Cyprus | Jordan | Portugal | USA |
| Czech Republic | Kazakhstan | Qatar | Venezuela |
| Denmark | Kuwait | Russia | Vientnam |
| Dominican Republic | Latvia | | |

141

示す。対象小売業は52社、それら小売業が属する本国市場は23か国地域、同小売業の参入海外市場は93市場（のべ387市場）である。なお、対象国は外務省各国・地域情勢に記載の国および地域を対象としている。そのため、香港や台湾をそれぞれ1つの市場としてカウントし、分析対象としている。

## 5．変数とその特徴

### 1）被説明変数

　本分析における被説明変数は、海外当該市場における食品小売業の市場シェアであり、分析期間中で最も新しい2009年の同市場シェアとする。[35]

表5-3-2：本分析における被説明変数

| 被説明変数 | 概要 |
|---|---|
| LATSTMKTSHARE | 海外当該市場シェア（％；2009年） |

### 2）説明変数

　説明変数を以下に設定する。

・PB 比率（％；2006年）

　　設定期間の中間にあたる2006年の PB 比率

・エリアダミー

　　本国市場と海外市場が同エリアの場合は1、異エリアの場合は0とするダミー変数

---

(35)　本分析における食品小売業市場シェアは、食品小売業にドラッグストアを含んだ市場を母数としている。

第 5 章　小売国際化成功要因

・距離数（マイル）

　本国市場から海外市場までの距離数

・隣接ダミー

　本国市場と地理的に隣接する海外市場を 1 、それ以外を 0 とするダミー変数

・言語ダミー

　本国市場と海外市場が共通言語を用いる場合は 1 、異なる場合は 0 とするダミー変数（第 3 公用語まで含む）

・ビジネス自由度

　事業を開始して運営する、失敗した場合は閉鎖するまでのビジネス活動の自由度を 0 から100までの間で数値化したもの

　本分析では、対象期間中の平均値をとっている。アメリカのシンクタンク Heritage Foundation および Wall Street Journal による Index of Economic Freedom は、各市場における経済的な自由度をビジネス自由度、金融自由度、労働自由度、腐敗・汚職からの自由度など10の指標にて提供している。海外市場における小売業のビジネス活動の成功は市場におけるビジネス自由度が影響するのかを確認することを目的にビジネス自由度を説明変数に加える。

・植民地ダミー

　本国市場の植民地（旧植民地含む）の市場を 1 、非市場を 0 とするダミー変数

・グリーンフィールドダミー（参入形式）

　初期参入形式が独資の場合を 1 、それ以外の場合を 0 とするダミー変数

・海外当該市場への参入順

　海外当該市場への外資食品小売業の参入順

143

表5-3-3：本分析における説明変数

| 説明変数 | 概要 | 備考 |
|---|---|---|
| PBFRATIO | PB 比率（%；2006年） | |
| AREADM | エリアダミー | ※ |
| DISTANCE | 距離数（マイル：本国から海外参入市場まで） | ※ |
| LANGDM | 言語ダミー | ※ |
| BIZFREE | ビジネス自由度 | ※※ |
| CONTIGNUITYDM | 隣接ダミー | ※ |
| COLONYDM | 植民地（旧植民地含）ダミー | ※ |
| GREENDM | グリーンフィールドダミー（参入形式） | |
| ENTRYORDER | 海外当該市場への参入順 | |
| CONTIUOUSYR | 海外当該市場での経年数 | |
| GDPCAPITAGROWTH | 海外当該市場の人口ひとりあたり GDP 成長率（%；各年成長率平均） | |
| PUBLICDM | 上場企業ダミー | |
| HMMKTSHRE | 本国市場市場シェア（%；参入時） | |

※ Cepii 提供の Distances Measures：The GeoDist Database データを使用
※※ Heritage Foundation & Wall Street Journal 提供の Index of Economic Freedom のデータを使用

　　　　参入順が1番目の場合を1、以降2、3…と参入が遅れるほど

　　　　数字が増加する

・海外当該市場での経年数

　　　　参入初年度を0、翌年を1とし、以降毎年1ずつ増加する経年数

・海外当該市場の人口ひとりあたり GDP 成長率

　　　　人口ひとりあたり GDP の各年成長率の平均値

　　　　対象小売業が参入した年からの成長率の各年平均

・上場企業ダミー

　　　　上場企業を1、非上場企業を0とするダミー変数

・本国市場シェア

第5章　小売国際化成功要因

海外当該市場参入年の本国市場における市場シェア

## 3）データの特徴

データの特徴は以下のとおりである。[36]

表5-3-4：データの特徴－被説明変数

| 変数 | データ数 | 平均 | 分散 | 最小値 | 最大値 |
|---|---|---|---|---|---|
| LATSTMKTSHARE | 387 | 3.15 | 5.15 | 0 | 43.3 |

表5-3-5：データの特徴－説明変数

| 変数 | データ数 | 平均 | 分散 | 最小値 | 最大値 |
|---|---|---|---|---|---|
| PBRATIO | 387 | 31.78 | 23.55 | 0 | 100 |
| AREADM | 387 | 0.64 | 0.48 | 0 | 1 |
| DISTANCE | 387 | 3635.20 | 3670.34 | 80.98 | 16562.72 |
| LANGDM | 387 | 0.18 | 0.38 | 0 | 1 |
| BIZFREE | 387 | 71.32 | 12.22 | 35.60 | 100 |
| CONTIGNJITYDM | 387 | 0.22 | 0.41 | 0 | 1 |
| COLONYDM | 387 | 0.14 | 0.34 | 0 | 1 |
| GREENDM | 387 | 0.47 | 0.50 | 0 | 1 |
| ENTRYORDER | 387 | 3.61 | 2.73 | 1 | 16 |
| CONTIUOUSYR | 387 | 11.24 | 9.12 | 1 | 80 |
| GDPCAPITAGROWTH | 387 | 1.13 | 2.29 | −15.25 | 14.17 |
| PUBLICDM | 387 | 0.66 | 0.47 | 0 | 1 |
| HMMKTSHRE | 387 | 13.19 | 8.62 | 0.20 | 36.60 |

　各変数の特徴を、とくに最少・最大値が何を意味するのかを示しながら概説する。

---

(36)　本分析における食品小売業市場シェアは、食品およびドラッグストアを含んだ市場を母数としている。

145

・市場シェア（LATSTMKTSHARE）

　　最大値はウォルマートのコスタリカ市場シェアである。一方、最小値は11社によるのべ16市場が含まれる。たとえば、テスコとメトロにおける日本市場シェアやファミリーマートおよびマークス＆スペンサーにおける中国市場シェアである。なおこの０％というのは、0.1％未満を示す。

・距離（DISTANCE）

　　最大値は、アメリカ－オーストラリア間である。次点はドイツ－オーストラリア間である。一方、最小値はフィンランド－エストニア間である。

・ビジネス自由度（BIZFREE）

　　最大値はシンガポールである。デンマークなどは分析対象期間中に100を獲得したことがあるが、期間中すべて100なのはシンガポールのみである。最小値はアンゴラである。

・海外当該市場への参入順（ENTRYORDER）

　　最大値が16であるが、これは１市場に16社の参入があったことを示している。この市場はポーランドである。次に参入小売企業数が多いのはアメリカで14社である。

・海外当該市場での経年数（CONTINUOUSYR）

　　平均で11年の事業運営期間である。最大値の80年はセーフウェイ（アメリカ）のカナダ市場への進出年数である。

・海外当該市場の人口ひとりあたり GDP 成長率

　　　　　　　　　　　　　　　　　　（GDPCAPITAGROWTH）

　　最小値はウクライナで、08年から09年の成長率がマイナス15％超である。これはオーシャンが08年に参入したことによる。

　　最大値はカタールで、07年から09年にかけての平均成長率が14％を超えた。これはアライアンス・ブーツの参入による。

146

第5章　小売国際化成功要因

・上場企業ダミー（PUBLICDM）

　　上場企業が32社、非上場企業が20社である。

・本国市場シェア（HMMKTSHRE）

　　最小値はアメリカのホールフーズマーケット（Whole Foods Market）である。自然食品やオーガニック食品を取り扱うことを競合小売業との差別化戦略とし、所得の高い消費者を主要ターゲットとする小売業である。アメリカ市場全体からみると市場シェアは低いが、リーマンショック以前までに急成長した小売業である。所得の高い消費者層の需要を見込んで、カナダおよびイギリス市場に進出している。

　　最大値はオランダのアホールドである。本国市場シェアの高いアホールドは、早くから海外市場に進出している。

### 4）相関性

　説明変数の相関性をみると、エリアダミー（AREADM）と距離（DISTANCE）が相関していることから、分析はエリアダミーと距離それぞれを投入した分析を行う（表5-3-6）。

　（分析モデルはエリアダミー（AREADM）を入れた式を掲載している。）

## 6．分析結果

　表5-3-7および表5-3-8に示す分析結果より、

　　仮説1：本国市場から近距離／同地域市場への参入は市場シェア獲得要因となる

　　仮説2：海外の各市場に参入する順番の早さは、市場シェア獲得要因となる

　　仮説4　所有特殊的優位性（PB）は海外市場における市場シェ

147

　　　　ア獲得要因となる

　仮説 5：上場企業は海外市場における市場シェア獲得要因となる
は統計的に有意となる結果が得られた。

　しかし、

　仮説 3：独資による参入は海外市場シェア獲得要因とはならない

　仮説 6：本国市場の高い市場シェアは海外市場における市場シェ
　　　　　　ア獲得要因となる

については、確認することはできなかった。

　仮説 6 の説明変数である本国市場シェア（HMMKTSHRE）と、仮
説 4 の説明変数である PB 比率（PBRATIO）は、相関性が高いと認めら
れる値ではない（表 5-3-6）。しかし、第 4 章の分析結果で示したよ
うに、PB は本国市場の売上高や市場占有率にプラス要因であることか
ら、影響は無視できないと考える。そこで、PB 変数（PBRATIO）を除
いて分析を行った。しかし、本国市場シェア変数（HMMKTSHRE）は
統計的に有意となる結果は得られなかった。

　また、独資参入についても、その有意性を確認することはできな
かった。Gielens and Dekimpe（2001）は早期に市場へ参入を果たし
た小売業は独資のほうが事業継続性は高いと指摘している。日本市場
を例にあげると、先に市場参入したカルフールは確かに独資である。
しかし、後発参入者であるウォルマートやメトロ、テスコは先発参入
のカルフールの日本市場での業績等を鑑みて、買収や合弁による参入
を模索したともいわれる。そのため、本分析は市場参入順をコント
ロールしたが、独資参入の有意性を確認することはできなかった。こ
の参入方式と市場シェアとの関係については、今後の課題としたい。

表5-3-6：分析データの相関

| | DISTANCE | AREADM | CONTIG-NUITYDM | COLONYDM | LANGDM | BIZFREE | GREENDM | ENTRY ORDER | CONTIU-OUSYR | GDPCAPITA GROWTH | PUBLICDM | PB RATIO | HMMKTSHRE |
|---|---|---|---|---|---|---|---|---|---|---|---|---|---|
| DISTANCE | 1 | | | | | | | | | | | | |
| AREADM | -0.8104 | 1 | | | | | | | | | | | |
| CONTIGNUITYDM | -0.4173 | 0.3819 | 1 | | | | | | | | | | |
| COLONYDM | 0.0455 | -0.284 | 0.0065 | 1 | | | | | | | | | |
| LANGDM | -0.12 | -0.0248 | 0.3291 | 0.2901 | 1 | | | | | | | | |
| BIZFREE | -0.1309 | 0.1686 | 0.2009 | -0.0913 | 0.2068 | 1 | | | | | | | |
| GREENDM | -0.2426 | 0.2978 | 0.1782 | -0.1324 | -0.0926 | 0.1123 | 1 | | | | | | |
| ENTRYORDER | -0.0443 | 0.1182 | 0.0873 | 0.015 | -0.0682 | 0.0791 | 0.1021 | 1 | | | | | |
| CONTIUOUSYR | -0.0798 | 0.1276 | 0.251 | -0.1006 | 0.0943 | 0.2692 | 0.1837 | -0.2756 | 1 | | | | |
| GDPCAPITAGROWTH | 0.2054 | -0.3089 | -0.159 | 0.1286 | -0.0209 | -0.1452 | -0.1977 | -0.1567 | -0.0477 | 1 | | | |
| PUBLICDM | 0.384 | -0.3581 | -0.2438 | 0.1083 | 0.0984 | -0.1693 | -0.2763 | -0.1686 | 0.0616 | 0.143 | 1 | | |
| PB RATIO | -0.0413 | -0.0527 | 0.0726 | 0.1096 | -0.0064 | 0.1388 | 0.1353 | 0.1017 | -0.0546 | -0.003 | -0.2762 | 1 | |
| HMMKTSHRE | 0.1393 | -0.1411 | -0.1472 | -0.1767 | -0.0679 | -0.0299 | -0.1982 | -0.1912 | -0.1128 | 0.2312 | 0.2702 | 0.0056 | 1 |

## 表5-3-7：分析結果

a．エリアダミー投入分析　　　　　　　　　b．距離数投入分析

| | 係数 | t－値 | | 係数 | t－値 |
|---|---|---|---|---|---|
| AREADM | 3.06 | 4.77 *** | DISTANCE | 0.00 | − 3.39 *** |
| CONTIGNUITYDM | − 0.07 | − 0.09 | CONTIGNUITYDM | 0.20 | 0.27 |
| COLONYDM | − 1.11 | − 1.35 | COLONYDM | − 1.95 | − 2.39 |
| LANGDM | 1.01 | 1.33 | LANGDM | 0.71 | 0.93 |
| BIZFREE | 0.00 | − 0.16 | BIZFREE | 0.00 | 0.04 |
| GREENDM | − 0.56 | − 1.03 | GREENDM | − 0.41 | − 0.75 |
| ENTRYORDER | − 0.35 | − 3.44 *** | ENTRYORDER | − 0.31 | − 3.04 *** |
| CONTIUOUSYR | 0.00 | − 0.13 | CONTIUOUSYR | 0.00 | 0.02 |
| GDPCAPITAGROWTH | 0.08 | 0.65 | GDPCAPITAGROWTH | 0.01 | 0.11 |
| PUBLICDM | 2.35 | 3.68 *** | PUBLICDM | 2.28 | 3.46 *** |
| PBRATIO | 0.04 | 3.63 *** | PBRATIO | 0.04 | 3.13 *** |
| HMMKTSHRE | 0.03 | 0.89 | HMMKTSHRE | 0.03 | 0.79 |
| _CONS | − 0.37 | − 0.21 | _CONS | 2.48 | 1.40 |

注：***：1％有意水準、　**：5％有意水準、　*：10％有意水準

## 表5-3-8：分析結果（説明変数 PBRATIO を除く）

a．エリアダミー投入分析　　　　　　　　　b．距離数投入分析

| | 係数 | t－値 | | 係数 | t－値 |
|---|---|---|---|---|---|
| AREADM | 2.68 | 4.16 *** | DISTANCE | 0.00 | − 3.39 *** |
| CONTIGNUITYDM | 0.07 | 0.09 | CONTIGNUITYDM | 0.27 | 0.35 |
| COLONYDM | 0.69 | − 0.83 | COLONYDM | − 1.49 | − 1.83 * |
| LANGDM | 0.91 | 1.18 | LANGDM | 0.65 | 0.83 |
| BIZFREE | 0.01 | 0.27 | BIZFREE | 0.01 | 0.39 |
| GREENDM | − 0.33 | − 0.59 | GREENDM | − 0.23 | − 0.41 |
| ENTRYORDER | − 0.33 | − 3.20 *** | ENTRYORDER | − 0.30 | − 2.88 *** |
| CONTIUOUSYR | − 0.01 | − 0.24 | CONTIUOUSYR | 0.00 | − 0.09 |
| GDPCAPITAGROWTH | 0.07 | 0.60 | GDPCAPITAGROWTH | 0.02 | 0.15 |
| PUBLICDM | 1.71 | 2.74 *** | PUBLICDM | 1.74 | 2.71 *** |
| HMMKTSHRE | 0.04 | 1.34 | HMMKTSHRE | 0.04 | 1.19 |
| _CONS | 0.52 | 0.29 | _CONS | 2.97 | 1.67 * |

注：***：1％有意水準、　**：5％有意水準、　*：10％有意水準

## 第5－4節　考察

　50を超える食品小売業による93市場（のべ387市場）への進出を対象とする本分析により、海外市場に参入して市場シェアを獲得するには、本国市場から近い市場に、競合小売業よりも早く参入することが成功の鍵になることが確認できた。

　また、食品小売業における所有特殊的優位性となるPBは、海外市場における市場シェア獲得の要因になることも明らかになった。これは、既存研究でも指摘されているように、PBが消費者認知度を含めたブランド力になっていることの含意ではなかろうか。よって、今後はPBのどのような要素が国際化推進に有効であるのかを研究していくことが求められる。

　さらに、株式市場から資金を調達することが可能である上場企業が、統計的に有意であることも確認することができた。海外市場シェアの獲得には、必要な資金を適切なタイミングで調達し、投資することが重要であることが示唆される。

　こうして海外市場でシェアを確保すると、調達力や事業の効率性も有利に働く。食品小売業は生鮮品など日持ちのしない商品などを中心に地元企業から仕入れることが多い。しかし、加工食品や日用雑貨品などは、国際規模での調達が一般的になりつつある。世界中の製造業、小売業に共同サプライチェーンのプラットフォームを提供するアジェントリクス（Agentrics）の電子商取引システムには、カルフールやテスコなども参加しており、世界各国の店舗で必要な商品を一度に仕入れることができる。進出する市場が多く、その市場でのシェアが大きいほど、一度に仕入れる数量が多くなるため、商品の仕入単価を抑えることが可能になる。それにより粗利益率は高まり、また競合小

売業との価格差別化をはかることもできる。

　あるいは、海外進出市場が調達市場になることもある。ウォルマートは中国に商品調達センターを有している。これは中国国内で仕入れた商品を全世界のウォルマート店舗で販売するセンターである。アメリカの対中国輸入額の10％以上をウォルマートが占めるといわれるほど、ウォルマートは調達した商品を中国から世界各国の店舗に向けて輸送している。ウォルマートにとっての中国市場は、店舗展開による市場シェア拡大の場だけではなく、調達という重要な任務を担っている場でもある。このウォルマートは、中国の他にもうひとつ重要な商品調達拠点を有している。それはインドである。インドでは、市場参入前から調達センターを運営しており、その経験が競合小売業よりも早く市場参入することを可能にした。当時、インドは自社ブランド品のみを販売する小売業を除く小売業の外資参入を禁止していた。自社ブランド品以外の商品の販売が大半である外資の食品小売業は、地元の中小零細小売店保護のために参入ができなかったのである。しかし、フランチャイズ形式の小売業や卸売業としての参入は条件付きで認められていた。すでに商品調達ネットワークをインドで有していたウォルマートは、これら情報をすでに把握し、市場も熟知していた。そして地元の大手複合企業バルティ（Bhalti）と合弁会社を設立し、卸売業として市場参入を果たした[37]。その動向をみて、カルフールやテスコもウォルマートと同じ形式でインド参入をしていったのである。

　このように、海外市場における市場シェア確保は単に当該市場内における成功にとどまらず、本国市場を含めた企業全体としての商品調達力を上げ、それにより収益性を高めることが期待できる。この企業

---

（37）　2013年10月に合弁事業の解消を発表している。

第5章　小売国際化成功要因

全体としての国際事業の統合と調整を鑑みると、この商品調達のネットワーク、また商品を運ぶ物流ネットワークの構築は重要な戦略のひとつである。ウォルマートなどの例をあげたように、ネットワーク構築の実態把握はある程度できているが、これらネットワークが具体的に小売業の業績や生産性の向上にどの程度貢献しているのかについての実証的研究は途上にあり、今後の課題である。

# 第6章　海外市場における流通システム構築

## 第6-1節 日本食品産業の海外市場進出における課題

　少子高齢化が進み、消費市場が縮小していく中で日本の産業が今後も成長していくためには、より積極的な国際化の推進が重要な政策課題の一つとなっている。しかし、実際には限られた企業、限られた産業に依存しており、国際化が推進されているという状況にはない。この国際的事業活動に際して、一部の産業においては日本市場と海外市場における流通システムの相違が障壁となっている可能性がある。

　前章では、海外市場における市場シェアを小売国際化の成功指標のひとつとして分析を行った。この国際化の効果は、市場シェア獲得による親会社への利益貢献にとどまらない。販売市場拡大による商品仕入量増加の経済性効果、海外市場での商品調達の利便性向上など、海外ネットワーク拡大による企業全体の生産性向上が示唆された。そのため、国内の消費市場の縮小問題と合わせて、日本食品小売業には、積極的な国際化が求められてきた。しかし、流通システムの相違により、海外市場において日本食品小売業のネットワーク拡大が阻害されているのであれば、その原因と解決策を検討しなければならない。

　そしてこれは小売業だけではない。実際、日本の食品製造業の輸出および海外事業の割合は他業種の製造業に比して低い。経済産業省の第43回海外事業活動基本調査（2014）における製造業の業種別売上高に対する輸出高の割合をみると、最も高いのは生産用機械で54.3％、以下業務用機械が44.6％、輸送機械42.8％と続き、製造業全体では29.7％である。その中で食糧品はわずか1.6％であり、公表された製造業種の中で最も低い割合である（図6-1-1）。機械と異なり、食品は原料等を除けばBtoB ではなく BtoC、つまり市場に流通して消費者の手に渡る商品であることも、輸出割合が低い一因であろう。Ratchford（1987）は、自動

156

第6章　海外市場における流通システム構築

図6-1-1：製造業 業種別 海外輸出比率（％）

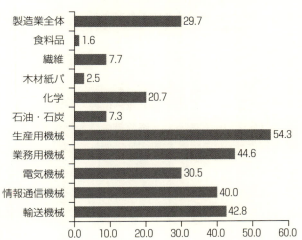

出所：経済産業省（2014）「第43回海外事業活動基本調査」（2012年度実績）

図6-1-2：食品関連産業の輸出・海外展開における課題（複数回答，％）

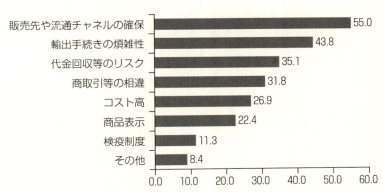

出所：日本政策金融公庫農林水産事業本部ニュースリリース「約半数の食品企業が輸出・海外展開に意欲」（平成25年上半期食品産業動向調査（特別設問））2013年9月11日付

車や医薬品などは燃費や有効成分量といった客観的基準が主軸となって購買されるが、食品は消費者個人の属する国の文化習慣の影響を受けて購買されると論じている。そのため、各販売市場の文化や習慣に適応させていく適応化戦略を採る必要性がある。よって、食品は機械などに比して輸出や海外市場における事業の割合が低いと考えられる。

このような消費者への販売では、海外市場における流通チャネルも国際化推進の有無に影響する。日本政策金融公庫の平成25年上半期食品産業動向調査（2013）によると、食品産業のうち、輸出・海外事業に取り組んでいるのは19.6％であった（業種別では製造業が24.5％、卸売業は10.7％、小売業は6.2％）。そして、「検討または計画」「検討していないが関心はある」の回答を合わせると食品産業の5割強が輸出・海外事業に意欲的であるとの見方を示している。しかし、事業を進める上での課題もあげられている。同調査の結果（複数回答）では「販売先や流通チャネルの確保」が55.0％でもっとも高く、次に「輸出手続きの煩雑性」が43.8％、「代金回収のリスク」が35.1％と続く（図6-1-2）。つまり、日本の食品関連企業にとって、輸出・海外事業の推進には流通チャネル確保などの外部サポートが必要であることを示している。

ではなぜこのようなサポートが必要なのであろうか。Krugman（1991）はアメリカと比べて「日本は違う」と述べる要因のひとつに流通システムの相違をあげている。Ito（1991）は日本の流通システムは卸売業、小売業ともに小規模事業者で構成され、多段階卸売構造により成り立っていることを特徴にあげている。それは現在も大きく変わってはいない。日本の食品流通は、矢作（2008）による「日本の流通は卸売業の存在により特徴づけられる」のとおり、欧米の食品流通企業が主流とする製造業と小売業の直接取引ではなく、製造業と小売業の間に卸売業が架橋している取引形態が主体である。

ここで、アメリカの加工食品流通構造と比較してみたい。日本は大

第6章　海外市場における流通システム構築

図6-1-3：日本とアメリカにおける加工食品流通構造

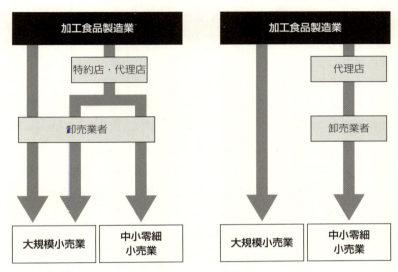

出所：筆者調査

規模小売業、中小零細小売業それぞれに対して卸売業を介在する構造である。一方、アメリカでは製造業は大規模小売業に対しては直接取引を行っている（図6-1-3）。卸売業者が介在するのは、地方の中小零細小売店に対しての場合が主体である。これは食品小売市場シェアにも関係している。日本の食品小売業は売上高上位10社で市場の22.5％であるが、アメリカは同56.4％を占めている（横井（2012））。そのため、アメリカの食品製造業は大規模小売業には直接取引をしたほうが効率的であり、残りの中小零細小売業に対しては卸売業を介したほうが効率的であると判断されている。日本では大規模小売業の割合が低いとはいえ、この上位10社22.5％に対しても卸売業を介在させる流通構造であり、特徴といえる。

アメリカにおける大規模小売業との直接取引形態は、イギリスやフランスなどの欧州各国でも採用されている。そして世界最大の小売業であるアメリカのウォルマートやイギリスのテスコ、フランスのカルフールなどが、欧米のみならずアジアや中南米等に進出した際にこの直接取引形態を導入していった。ゆえに、海外市場では比較的大きな小売業とは直接取引の形態が導入されていることが多い。そのため、日本は海外とは流通構造が異なると評される。

　このように、卸売業が架橋している取引形態が主体でない海外市場に進出する際には、日本の卸売業が当該市場に進出していない限り、現地の取引形態に従うことになる。しかし、海外経験の乏しい企業にとって、それは高いハードルになる。先の海外事業を進める上で最も大きな課題との調査結果が示すように、製造業は自らがチャネルを開拓しなければならず、小売業は取引先を開拓しなければならないからである。実際に、1980年代後半から90年代前半にかけて日本の食品小売業は台湾をはじめとするアジア市場に進出したが、その多くが進出から数年で撤退した。日本における経済状況の悪化、いわゆるバブル経済が崩壊したことによる投資環境の変化も大きな要因ではあるが、川端（2000）は海外市場から出店を誘致されるという受身の姿勢での進出であるという小売業の非戦略的市場参入とともに、進出市場に日本の卸売業のような高機能の仲介者が存在せず、日本型のビジネスができなかったために発展が妨げられたことも要因のひとつとして指摘している。そのため、日本食品関連企業における国際化は、モノ・サービスを提供する企業をサポートする日本企業との連携が必要とされる。

## 第6-2節　食品流通におけるサポート機能と国際化

　そもそも、日本の食品卸売機能の海外進出および日本の製造業や小

第6章　海外市場における流通システム構築

売業をサポートすることは、日本の商社におけるコア機能の構造変化
に起因する。孟（2008）は、総合商社はトレーディング機能を中心と
しながら、1980年代の終わりから事業投資ビジネスにも力を入れるよ
うになったとし、2000年以降には経営または経営をコントロールする
投資事業の収益が伸びていると指摘している。この投資事業強化戦略
および日本国内市場規模縮小による流通業の再編の動きから、総合商
社は日本国内食品分野の流通業への積極的投資および食品流通企業の
グループ化に取り組んだ。そして、この国内でのグループ化を受け、
総合商社および総合商社の出資を受ける卸売業が、経済成長が見込め
る中国市場に1990年代半ばから進出をはじめ、それが2000年以降に加
速したと矢作（2008）は述べている。このように、総合商社の投資事
業強化へのシフトと、食品流通企業への出資および海外市場進出とは
時期的に連動している。

　日系商社および卸売業による中国市場参入は、日系食品小売業の中国
市場進出に貢献した。そして、同商社と卸売業は、日系食品製造業の物
流業務、日系食品小売業の配送センター業務の受注などのビジネスを広
げていった。このように日系商社の事業戦略により、日系卸売業に出資
し、海外市場進出をすすめていること、それが日系食品製造業や同小売
業の海外市場進出サポートにつながっていることは明白であるが、収益
面での課題も多く、日系企業が多く進出する中国市場でも、日本型卸売
機能の十分な発揮には至っていない現状も指摘されている。

## 第6-3節　海外事業サポート機能の有効性と課題

　この課題に対して企業はどのような対応をしているのか、海外市場
に進出する日系食品企業の行動から探っていく。ここではベトナム市
場を対象に、現状分析およびヒアリング調査を行った。同市場は2009

161

年に外資小売業の市場参入が認められた。それにより、事業開始時と開始後の企業行動を把握することができることから選択した。そして、製配販の各社となる日系食品製造業、同食品卸売業、同食品小売業、さらに同総合商社に対し、2014年に調査も行った。(38)これらにより、企業が海外市場進出後にどのような対応をしているのか、海外市場進出時にどのような困難があり、どのようなサポート等を得たことが利点となったのかを把握する。

## 1）ベトナムにおける流通環境

　ベトナムには事実上の外国資本（外資）小売業の出店規制が存在する。ベトナムでは長らく外資の小売業のベトナム市場参入が規制されていた。その後WTO加盟により、サービス分野の外資開放政策が施行され、2009年1月より100％外資による卸売業、小売業の企業設立が可能になった。しかし、これにより外資小売業は自由に店舗展開ができるようになったわけではない。企業設立により1店舗目は開店できるが、2店舗目については、Economic Needs Test（ENT）と呼ばれる経済需要調査に基づき、出店が許可される。これは、出店予定地域の小売店舗数、市場の安定性、人口密度、都市計画との整合性等を考慮し出店の可否を決定すると規定されているが、詳細は明確になっていない。2013年にENTは要件が緩和されたものの、いまだ運

---

(38)　日系食品製造業3社（ACECOOK VIETNAM JSC, KEWPIE VIETNAM Co., LTD., HOUSE FOODS VIETNAM Co., LTD.）、日系食品卸売業1社（KATO SANGYO VIETNAM CO., LTD.）、日系食品小売業2社（AEON VIETNAM CO., LTD., VIET NAM FAMILY CONVENIENCE STORES CO., LTD.）、日系総合商社1社（SUMITOMO CORPORATION VIETNAM LLC. Ho Chi Minh City Branch）の計7社にヒアリング調査を依頼し、快諾を得たことから、本調査は実施できた。ここにご協力いただいた各社関係各位に感謝の意を表する。

162

第6章　海外市場における流通システム構築

図6-3-1：ベトナムの加工食品流通構造

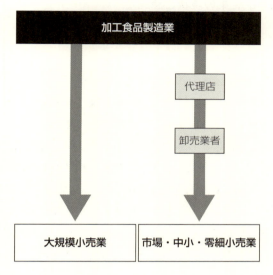

出所：筆者調査
注：中小規模の加工食品製造業は、大規模小売業との取引に代理店を経由することも多い

用に曖昧な点が残っている。つまり、事実上の出店規制が存在するのである。

次に流通構造であるが、ベトナム食品小売市場においては、市場や零細小売店（トラディショナルトレード）が95.9％を占める（大和総研（2013））。そしてスーパーマーケットやコンビニエンスストアなど近代的な小売店（モダントレード）は、わずか4.1％である。ハノイやホーチミンシティなどの大都市ではモダントレードが急成長しているが、それでも2割程度と推計される。トラディショナルトレードは代理店との取引が主体で、商品は代理店から地域卸業を経由して、小売店に納品されているが、モダントレードは欧米小売業の手法に準じた製造業との直接取引が主体である（図6-3-1）。

## ２）日系食品企業の現状と課題

　では、ベトナム市場で日系食品企業はどのようにビジネスをしているのか。

　日系食品製造業は当該市場に参入し、現地に工場を設立し、生産から販売までを行っている。販売については、モダントレードには直接取引、トラディショナルトレードには代理店を介して販売しているのが現状である。次に、日系食品卸売業であるが、現時点での主要なビジネスとして、日系食品製造業および現地食品製造業の販売代理権を取得し、小売業に販売促進を行っている。日本で行っているマーケティング、マーチャンダイジング機能を有する卸売業務については、日系小売業に対して一部商品について行う取り組みをはじめている。最後に、日系食品小売業であるが、店舗展開については、ENT により計画どおりに出店できないのが現状である。しかし、法令を順守しながら、少しずつ店舗数を増やす努力をしている。また、商取引については、製造業からの直接納品が主体であるが、一部については販売代理店を経由している。日系食品製造業との取り組みとして、日本食キャンペーンを共催し、日本食の PR を行った実績もある。

　以上が現状であるが、これらは決して機能的とはいえない。日系食品製造業はモダントレードと直接取引を行っているが、実質的には代理店を利用した取引のほうが収益性は高い。しかし、契約する代理店には営業担当と言えるような営業を行うことができる人材に乏しく、単純に運送機能を担っているに過ぎないという現状にも直面している。そのため、直接および間接いずれの取引においても、効率的とはいえないという課題を抱えている。そのような現状から日系食品製造業は、日系卸売業に対して日本市場で提供する卸売機能をベトナム市場でも提供してほしいと要望している。しかし日系卸売業は、一定以

第6章　海外市場における流通システム構築

上の物量が確保できなければ収益面でリスクを背負わなければならないという課題を抱える。とくに、日系食品小売業に対しての取引となると、物量は大きな課題である。ENTにより店舗数を迅速に増加させることができないため、大量仕入れが叶わないからである。一方、日系食品小売業は店舗展開スピードの問題もあり、大量仕入れができない。そのため、売価に影響することに加えて、直接取引をする現地製造業の納品管理レベルの低さを課題のひとつにあげている。納品されるが予定時間に遅れる、数量が合わないなどの問題が頻繁に起こるからである。

　このように、商取引において課題を抱える日系食品製造業、日系食品小売業双方から、日系卸売業はマーケティング、マーチャンダイジング機能を有する日本型卸売機能を要望されている。今後、物量の増加や人材の開発など製配販で補い高めることが、ベトナム食品流通市場における日系食品企業の現時点での課題を解決するために求められる。

　次に、日系食品企業に対する日系商社の役割であるが、これまで商社は事業投資ビジネスに力を入れてきたことから、現地での事務所開設のサポートなど、初めて参入する市場では不慣れで手間取る作業にも積極的に関与している。また、出資に際して現地パートナーとも組むか否かについての情報提供およびパートナー企業の仲介も行っている。これら企業が市場参入後も、商社は出資することもあり、日系食品製造業に対しては原料調達および関連する原料情報の提供、当該市場からの輸出サポート、そして売上データシステムの構築サポートなど、多岐にわたる支援をしている。また、日系卸売業に対しても現地情報の提供をし、日系食品小売業に対しても、店舗出店や情報システム構築のサポート、惣菜向けの原料調達などを行う。そして、これら日系食品企業すべてに対して、政府機関とのコンタクトや商工部会主

165

催会議などから得る情報の提供を行っている。

　このように、商社は日系食品企業に対して一定の役割を果たしており、海外市場進出促進の一翼を担っている。一方、製造業および小売業からは、海外市場進出後に重要となる流通機能、それも日本型卸売機能へのニーズが高い。日系卸売業および商社への期待は大きい。しかし、日本で展開している卸売機能を海外で展開していくには課題は多い。現地の日系製造業から日本型卸売機能を介在しての日系小売業への商品取引量は、一定量に満たず、日本型の卸売事業を展開しても収益性が伴わないということも原因のひとつである。しかし、販売代理権によるビジネス事業など、他による収益確保を視野に入れながら少量取引を続け、徐々にその取引量を増やしていくことで、機能強化をはかることが当該市場における流通ネットワーク構築につながると考える。

## 3）今後の可能性

　日本の食品産業の国際化を推進していくには、海外市場と日本との流通構造の相違を克服し、現地での有効な流通システムをより迅速に構築することが肝要である。少量取引が課題であれば、共同仕入、共同配送の模索することも一案ではないかと考える。製造業にとっては取引量が増えるまでは共同配送を、また小売業にとっては店舗数が増加するまでは共同仕入をすることで、卸売業における一度の取扱高を増やすことができる。これにより、物量の課題は解決され、日本型卸機能が有効になる。共同配送は、すでに日本でも複数の競合製造業が一部地域において共同配送をするなどの取り組みを行っており、条件を整えれば難しい試みではない。共同仕入については、物量を増加させるだけではなく、他の課題を解決する可能性もある。小売業は、ベ

第6章　海外市場における流通システム構築

トナムにおいて想定するスピードで店舗を出店できないことにより、数店舗の経営に留まっている。そのため、仕入れたい商品が思うように仕入れられない、日本から輸入したい商品も少数では難しいなどの課題を抱えている。商社や卸売業が仲介することにより、競合小売業であっても共同で仕入れることにより、品揃えを叶えられることになる。これにより、日本型の卸売機能の充足にひとつ近づける可能性が出てくる。

　今後、他国市場におけるケースの確認および検証の研究を重ねる必要がある。この積み重ねにより小売国際化による海外ネットワークの拡大、それによる企業全体の生産性向上についての実証的な分析は課題であり、真摯に取り組んでいきたい。しかし、本章で議論した国に限らず、それ以外のアジアや他市場における競争も激化している。海外市場におけるビジネスは、スピードも大切な戦略である。流通ネットワーク構築への対応策を熟考し、精度を高めつつ、早急に行動することが求められる。

167

# 第7章　日本食品小売業の将来性

## 第7−1節　研究を通して

　本書は、将来的な人口減少が予測されることを背景に、日本の小売業は国際化を推進することが不可欠と評されながら、実態としては国際化が進展していない現状に対し、その原因を明らかにするとともに、国際化を推進していくために必要となる要因を明らかにすることを目的としたものである。

　経済産業省の新流通産業研究会がグローバル競争に挑戦することが新しい流通産業の姿であるとする報告書をまとめたのは2007年6月であった。その後、これからは日本小売業の国際化推進は重要な戦略のひとつになることから、政策化に向けて官民あげて様々な検討や調査が重ねられ、筆者自身もそれらに携わってきた。しかし、その後も欧米小売業に比して日本小売業の国際化は進展しているとはいえない状況にある。そこで、日本小売業の国際化が進展しない理由は何であるのか、また進展するためには何が必要なのかを実証的な分析を行うことで明らかにし、日本小売業の国際化推進の一助となることを研究目的とした。そして、商品のみが海外に移転できない小売業態のうち、現地市場の文化習慣への適応化戦略を採る必要性が高い食品小売業を対象に研究を進めてきた。

　ひとつめの実証研究は、国際化決定要因分析である。何が国際化決定要因となっているのかを明らかにすることは、今後国際化を目指す小売業にとって有意義な分析となりうる。その結果として、本国市場規模が小さく、本国市場における売上高が大きいという、海外市場に進出にあたっては本国の要因が国際化の決定に大きく作用することが明らかになった。国内市場規模が欧州諸国に比して大きい日本食品小

第7章　日本食品小売業の将来性

売業が国際化に積極的にならない一因を実証的にも確認することができた。

　ふたつめの実証研究では、PB の小売業国際化要因への可能性を検証した。既存の事例研究等においては、PB を小売業国際化における「所有特殊的優位」と位置づけているが、実証分析による検証はされていなかった。また、日本食品小売業は近年、PB 導入率を高めている。総販売額に対する PB 販売比率が高まることが、収益性を高めるだけではなく、海外市場展開における所有特殊的優位性の保持につながるのであれば、日本食品小売業の PB 比率増加戦略は、将来に向けた正しい方向性の戦略のひとつと考えることができる。分析の結果、PB は市場拡大、つまり国際化推進に対して統計的に有意となる結果が得られた。これにより、PB は小売国際化推進に対しての所有特殊的優位性があるということが確認できた。

　そして、食品小売業における国際事業成功要因分析を行った。その結果、海外市場進出は本国市場から近距離もしくは同エリアに、競合小売業よりも早く参入することが肝要であることが明らかになった。これにより、既存の概念化研究の提示を実証分析でも確認できたことになる。また、国際化を進め、当該市場で市場シェアを獲得していくためには、本国市場における売上高、所有特殊的優位となる PB、上場企業であることに代表される資金調達力が小売業に備わっていることが重要であることも明らかになった。国際化というと参入する海外市場の状況を注視しがちであるが、本国市場におけるポジションの確立も国際化戦略のひとつになることが確認できた。

　最後に、海外市場における流通システムの構築について議論した。上記3つの実証分析は、企業が存在する国・地域や進出する海外市場を問わず、全世界を対象に分析をすることにより、どの国・地域にも適応できうる一般化を目指した。とはいえ、日本固有の問題がないわ

171

けではない。そのうちのひとつが、流通システムである。日本の食品流通システムは、欧米諸外国をはじめ、欧米諸外国型の流通システムを有するアジア等諸国の市場とも異なる。この異なる点を異なるままで海外市場に進出すると、現地市場に受け入れられず、短期間で市場から撤退という可能性もある。そのため、異なる点をどのように補うことができれば国際化を進めていくことが可能なのか、その要素を抽出していくことは日本食品小売業が国際化を進めていく上で重要であると考えた。本書では、実態把握研究を通じて、その要素仮説を抽出した。

## 第7-2節　本書の限界と今後の課題

　3つの実証研究は、限られたデータソースをもとに分析を行っている。売上高上位食品小売業の約4割が非上場企業である。非上場企業は詳細な業績を公表していないことが多い。そのため、一部の分析においては収益性や生産性を測る指標を変数として組み入れることができなかった。上場している小売業であっても、進出している海外市場別の詳細データまでを公表していることは稀である。そのため、現状で取得できる限り収集したデータによる分析である。この点において、分析には限界がある。

　また、本書の分析における成功要因と定義した海外市場における市場シェアの拡大は、当該市場におけるポジションを高め、事業運営効率を向上させるだけではなく、本国市場および海外進出市場全体に対する商品調達の効率性にもつながる。その商品調達ネットワークや商品を運ぶ物流ネットワークの構築は重要な戦略のひとつであり、実態把握はある程度できているが、これらネットワークが具体的に小売業の業績や生産性の向上にどの程度貢献しているのかについての実証的

第7章　日本食品小売業の将来性

研究は途上にある。これもまた今後の研究課題としたい。

　そして、海外市場に進出しても意に反して撤退を余儀なくされる食品小売業は多い。いわゆるリーマンショックが発生した2008年後半以降、とくに欧州を本国市場とする食品小売業は海外事業からの撤退および事業再編に向かった。市場からの撤退についての研究は、事例研究から概念化研究へと進んではいるが、実証的な研究はほとんどみられない。本書では撤退について踏み込んだ分析をすることができなかった。今後は、撤退要因を見出すことも重要な研究課題のひとつとして位置づけ、取り組みたい。

　最後に、国際的な物流・情報ネットワーク化が急速に進んだ中で、日本企業による海外市場での流通システム構築のあり方の研究は、まだはじまったばかりである。本書では要因仮説を抽出し、問題提起をするところまでに終始してしまった。この点についても、今後の重要な研究課題として、引き続き研究に取り組みたい。

## 第7-3節　日本食品小売業の国際化への課題

　日本食品小売市場における売上高上位5社の占めるシェアは、18.1％の試算である。この数字は、アメリカ食品小売市場におけるウォルマート1社の市場シェアと変わらない数値である。アメリカの食品小売市場は日本食品小売市場の2倍の売上高規模があることから、ウォルマートの力を日本市場で置き換えるのであれば、36％ほどということになる。もちろん、アメリカと日本は市場が異なるため、このような比較をしたり置き換えたりすることは、あまり意味がない。しかし、国際市場における競争という点で考えるのであれば別である。海外市場進出や当該市場における競争では、一定の投資力が求められる。本国市場での売上高や収益力は、国際化の鍵のひとつと

173

なることは、実証分析結果からも明らかである。

　国際化を進めていくには、適切な海外市場の選択も重要な戦略のひとつに数えられる。注目すべき市場はメディアなどでも取り上げられる。また、どの市場に進出すべきなのかについて、本書においても距離や参入形式などをとりあげて分析を行った。しかし、海外市場進出において重要なのは、海外市場だけではなく、本国市場もまた大切である。同市場における当該小売業のポジションは、海外市場での成功要因となりえるからである。そのため、本国市場での成長を諦めて海外市場に活路を求めるというのは、決して正しい戦略とはいえない。むしろ、本国市場での足場を固めてから海外市場進出に本腰を入れるべきであると考える。

　日本の食品小売業の海外進出の現状をみると、欧米同小売業に比べて進出国数が少なく、そして当該市場での展開店舗数が少ない。その原因のひとつとして、市場参入後のスピードが緩やかなことがあげられる。コンビニエンスストアに代表されるフランチャイズ方式での市場参入を除くと、独資であるか合弁会社であるかに関わらず、市場参入をする際にまず１店舗を展開し、その店舗でじっくりと店舗運営をする傾向にある。そして当該店舗の収益率が一定レベルにまで達したら、２店舗目を展開する。そんな石橋を叩いて渡るような店舗展開が多い。

　世界的にみると日本食品小売業の進出市場数は少ない。しかし、アジアにおいては比較的積極的に進出している。また、欧米食品小売業よりも先に参入している国もある。本書での分析結果からみると、このように先行して市場参入をすることは成功要因のひとつである。しかし、アジア市場に後発参入した欧米食品小売業に、展開店舗数や当該市場シェアで負けてしまっている。その理由のひとつが、欧米食品小売業は参入すると短期間で一気に店舗数を増加させることである。

第7章　日本食品小売業の将来性

同小売業は短期間に集中して店舗展開をすることにより、消費者認知を高め、かつ市場シェア獲得により仕入値の優位性や物流効率などを実現する戦略をとる。それにより、日本食品小売業を追い越しているケースも多々みられる。

　戦略の相違といえばそれまでであるが、実際に市場シェアを伸ばしていくことができないために市場撤退を余儀なくされる小売業の実態をみると、スローペースで出店していくことが必ずしも良策とは限らない。逆に、日本食品小売業がスローペースでの出店となる要因、欧米食品小売業は短期間に出店することが可能な要因を考えると、日本の食品小売業は短期間に出店し、市場シェアを獲得するだけの資金力が欧米食品小売業に比して乏しいことが考えられる。その資金力の乏しさの要因のひとつは、本国市場における収益性の低さであり、それが海外市場での店舗の少数運営に影響していると考えるのである。

　このような少数店舗運営では、海外において市場シェアを高めていくのに非常に時間がかかる。競合小売業がある程度の市場シェアを奪うと、彼らは仕入や物流など様々な点で規模の経済の恩恵を受ける。そのあとで日本食品小売業が真剣に市場シェアを高めようと取り組み、競合小売業と戦うときには、相当なコストがかかることを覚悟しなければならないことは想像に難くない。ゆえに、本気で国際化を考え、進出した海外市場において市場シェアを確保することを戦略とするのであれば、現行のような速度で出店することは得策ではないと考えるのである。


　日本国内市場における人口あたりの食品小売業数は、人口の多い都市であればあるほどオーバーストアと呼ばれるほどの数に達している。それゆえに実態として壮絶な価格競争が繰り広げられている。当然、収益率はあがらない。そのような状況下において、進出する海外

市場に対して積極的に投下資本をおろす戦略を実践するには至らないというのが、いまの日本食品小売業が置かれた現状であろう。

　日本国内市場における人口減少、それにともなう消費力の低下が懸念されはじめて久しい。成長戦略のひとつとして国際化を標榜するのであれば、中途半端な国際化を行う前にまず国内での基盤を固めることが先決ではないかと考える。

　しかし、少しでも競合小売業より先んじて海外市場に進出することが成功要因のひとつである以上、緩やかな時間の流れのなかで国際化を推進していては遅すぎる。日本食品小売業を後目に、欧米食品小売業は積極的に海外市場進出を続けている。早期参入が市場シェア獲得要因になっていることからも明らかなように、先行者利益が見込めるからこそ、新興市場のみならず今や新・新興市場にまでその歩みを進めている。よって、国内での基盤を早急に固める、もしくは少なくとも国内基盤を固めつつ国際化を目指すべきであると、現状および課題の把握をもとに、実証分析を行った結果から考察するのである。

# 参考文献

Aaker, D.A. and Joachimsthaler, E. (2000), Brand Leadership, London, Free Press.

Agarwal, S. and Ramaswami, S.N. (1992), "Choice of Foreign Market Entry Mode: Impact of Ownership, Location and Internalization Factors", Journal of International Business Studies, 23 (1): pp. 1-28.

Alexander, N. (1997), Internationalization Retailing, Oxford: Blackwell.

Alexander, N. and Doherty, M.A. (2004), "International Market Entry: Management competencies and environmental influences", European Retail Digest, Oxford Institute of Retail Management, Summer, Issue 42, pp. 14-19.

Alexander, N. and de Lira e Silva, M. (2002), "Emerging markets and the internationalisation of retailing: the Brazilian experience", International Review of Retail & Distribution Management, Vol. 30 No. 6, pp. 300-14.

Alexander, N and Myers, H. (2000), "The retail internationalization process", International Marketing Review, Vol.17, No.4/5, pp. 334-353.

Alexander, N. and Quinn, B. (2002), "International Retail Divestment", International Journal of Retail and Distribution Management, 30, 2, pp. 112-125.

Anderson, E. and Gatignon, H. (1986), "Mode of Foreign Entry: A Transaction Cost Analysis and Propositions", Journal of International Business Studies, Vol. 17, Issue 3, pp. 1-26.

177

Anon-Higon, D. and Vasilakos, N., "Productivity, Multinationals and Knowledge Spillovers: Evidence from the UK Retail Sector", MPRA Paper No. 7181, 2008.

Bloom, P.N. and Perry, V.G. (2001), "Retailer power and supplier welfare: the case of Wal-Mart", Journal of Retailing, Vol. 77 No. 3, pp. 379-96.

Burt, S. (1993), "Temporal trends in the internationalisation of British retailing", International Review of Retail, Distribution and Consumer Research, Vol. 3 No. 4, pp. 391-410.

Burt, S.L. & Sparks, L. (2002), Corporate branding, retailing, and retail internationalization, Corporate Reputation Review 5 (2/3), pp. 194-212.

Burt S.L., Dawson, J. & Sparks, L. (2003), "Failure in International Retailing: Research Propositions", International Review of Retail, Distribution and Consumer Research, 13 (4), October, pp.355-373.

Burt S.L., Davies, K., Dawson, J. & Sparks, L. (2008), "Categorizing pattern and processes in retail grocery internationalization", Journal of Retailing and Consumer Services, 15, pp. 78-92

Coe, N.M. (2004), "The internationalisation/globalisation of retailing: towards an economic geographical research agenda", Environment and Planning A, volume 36, pp. 1571-1594.

Christopherson, S. (2007), "Barriers to "US Style" lean Retailing: The Case of Wal-mart's Failure in Germany", Journal of Economic Geography, 7 (4), July, pp. 451-469.

Dawson, J.A. (1994), "Internationalization of Retailing Operations", Journal of Marketing Management, Vol.10, pp. 267-282.

Dawson, J. (2003), "Towards a Model of the Impacts of Retail Internationalization", in Dawson, J., Mukoyama, M., Choi, S.C., and Larke,

R., (eds), The Internationalisation of Retailing in Asia, Chapter 11, London: RoutledgeCurzon, pp. 189-209.

Delisser, E. & Heliker, K. (1994), "Private labels reign in British grocers", The Wall Street Journal, 3, March B1.

Deloitte Touche Tohmatsu (2002), "2002 Global Powers of Retailing", Deloitte Touche Tohmatsu.

Deloitte Touche Tohmatsu (2003), "2003 Global Powers of Retailing", Deloitte Touche Tohmatsu.

Deloitte Touche Tohmatsu (2004), "2004 Global Powers of Retailing", Deloitte Touche Tohmatsu.

Deloitte Touche Tohmatsu (2005), "2005 Global Powers of Retailing", Deloitte Touche Tohmatsu.

Deloitte Touche Tohmatsu (2006), "2006 Global Powers of Retailing", Deloitte Touche Tohmatsu.

Deloitte Touche Tohmatsu (2007), "2007 Global Powers of Retailing", Deloitte Touche Tohmatsu.

Deloitte Touche Tohmatsu (2008), "2008 Global Powers of Retailing", Deloitte Touche Tohmatsu.

Deloitte Touche Tohmatsu (2009), "2009 Global Powers of Retailing", Deloitte Touche Tohmatsu.

Deloitte Touche Tohmatsu (2010), "2010 Global Powers of Retailing", Deloitte Touche Tohmatsu.

Deloitte Touche Tohmatsu (2011), "2011 Global Powers of Retailing", Deloitte Touche Tohmatsu.

Deloitte Touche Tohmatsu (2012), "2012 Global Powers of Retailing", Deloitte Touche Tohmatsu.

Doherty, A.M. (2000), "Factors Influencing International Retailers Market

Entry Mode Strategy: Qualitative Evidence from the UK Fashion Sector", Journal of Marketing Management 16, pp. 223-245.

Doherty, A.M. (2009), "Market and partner selection processes in international retail franchising", Journal of Business Research, Vol.62, pp. 528-534.

Dunning, J.H. (1981), International Production and the Multinational Enterprise, Allen and Unwin, London.

Dunning, J.H. (1988), "The eclectic paradigm of international production: a restatement and some possible extensions", Journal of International Business Studies, Vol. 19, pp. 1-31.

Elsner, S. (2013), Retail Internationalization–Analysis of Market Entry Modes, Format Transfer and Coordination of Retail Activities, Springer Gabler Research.

Foster, L., Haltiwanger, J. and Krizan, C. J. (2006), "Market Selection, Reallo cation, and Restructuring in the U.S. Retail Trade Sector in the 1990s," Re view of Economics and Statistics, v.88, no.4, pp. 748-58.

Gielens, K. and Dekimpe, M.G. (2001), "Do international entry decisions of retail chains matter in the long run?", International Journal of Research in Marketing, Vol.18, pp. 235-259.

Gielens, K. and Dekimpe, M.G. (2004), "How to Seize a Window of Opportunity: The Entry Strategy of Retail Firms into Transition Economies" , Discussion Paper 146/2004, Licos Centre for Transition Economics, Katholieke Universiteit Leuven.

Gripsrud, G. and Benito, G.R.G. (2005), "Internationalization in retailing: modeling the pattern of foreign market entry", Journal of Business research, Vol.58, pp.1672-1680.

Hill, C.W.L., Hwang, P. and Kim, W.C. (1990), "An Eclectic Theory of the

Choice of International Entry Mode", Strategic management Journal, Vol.11, pp.117-128.

IGD (2006), "Discounters", The Institute of Grocery and Distribution.

IGD (2009), "European Discounters", in the Retail Analysis, The Institute of Grocery and Distribution.

IGD (2011), "Grocery Retail Market Shares by Country" in the Retail Analysis, The Institute of Grocery and Distribution.

Ito, M., (1991) "The Japanese Distribution System and Access to the Japanese Market," NBER Chapters, in: Trade with Japan: Has the Door Opened Wider?", National Bureau of Economic Research, Inc., pp. 175-190.

Jain, S.C. (1989). Standardization of international Marketing Strategy: Some Research Hypotheses, Journal of Marketing, 53, pp. 70-79.

Javorcik, B., Keller, W., and Tybout, J. (2008), "Openness and Industrial Response in a Wal-Mart World: A Case Study of Mexican Soaps, Detergents and Surfactant Producers", The World Economy, v.31, pp. 1558-1580.

Kacker, M.P. (1988), "International Flow of Retailing Know-how: Bridging the Technology Gap in Distribution", Journal of retailing, Vol.64, No.1, pp. 41-67.

Kogut, B. and Singh, H. (1998), "The Effect of National Culture on the Choice of Entry Mode", Journal of International Business Studies, 19 (3), pp. 411-432.

Krugman, P. R., (1991) "Introduction to "Trade with Japan: Has the Door Opened Wider?"," NBER Chapters, in: Trade with Japan: Has the Door Opened Wider?, National Bureau of Economic Research, Inc., pp. 1-8.

Laaksonen, H. (1994). Own brands in food retailing across Europe: Oxford Institute of Retail Management.

Laaksonen, H., Reynolds, J. (1994), Own brands in food retailing across Europe. The Journal of Brand Management Volume2 (1), pp. 37-46.

McKinsey & Company (2003), "Multinational Company Investment: Impact on developing economies", pp. 1-44.

Moatti, V. and Dussauge, P. (2005), "The Impact of Alternative Modes of Expansion on Performance: An Empirical Investigation in Global Retailing", in Actes de la 15e Conférence de l'Association Internationale de Management Stratégique (AIMS).

Myers, H. and Alexander, N. (2007), "The role of retail internationalization in the establishment of a European retail structure", International Journal of Retail & Distribution Management, Vol.35, No.1, pp. 6-19.

Nenycz-Thiel, M. (2011) "Private labels in Australia: A case where retailer concentration does not predicate private labels share", Brand Management Vol. 18, 8, pp. 624-633.

Palmer, M. (2004), "International Retail Restructuring and Divestment: The Experience of Tesco", Journal of Marketing Management, 20, pp. 1075-1105.

Pellegrini, L. (1994) "Alternatives for growth and internationalization in retailing", International Review of Retail Distribution and Consumer Research, 4 (2), pp. 121-148.

Ratchford, B.T. (1987), "New Insight About the FCB Grid", Journal of Advertising Research, 27 (4), pp. 24-38.

Reid, M. (1995) "Make it your own", The Economist, 4 March, P8.

Rugman, A. and Girod (2003) "A. Retail Multinationals and Globalization: The Evidence is Regional", European Management Journal Vol. 21,

No. 1, pp. 24-37.

Salmon, W. and Tordjman, A. (1989), "The Internationalisation of Retailing", International Journal of Retailing , Vol.4 , no.2.

Stanley, J. (1991)," How Marks and Spencer does it", European Management Journal, 1991, Vol. 9, Issue 3, pp. 329-333.

Tarzijan, J. (2004) "Strategic Effects of Private Labels and Horizontal Integration", International Review of Retail, Distribution and Consumer Research, Vol. 14, No. 3, pp. 321-335.

Tihanyi, L., Friffith, D. A. and Russell C. J. (2005), "The effect of cultural distance on entry mode choice, international diversification, and MNE performance: a meta-analysis", Journal of International Business Studies, 36, pp. 270-283.

Vida, I. and Fairhurst A. (1998), "International expansion of retail firms: A theoretical approach for future investigations", Journal of Retailing and Consumer Services, Vol. 5, No. 3, pp. 143-151.

Vida, I. (2000), "An Empirical Inquiry into International Expansion of US Retailers", International Marketing Reviews, Vol. 17, No. 4/5.

Walmart stores, Inc. (2013), 2013 Annual Report.

Williams, D.E. (1992), "Retailer Internationalization: An Empirical Inquiry", European Journal of Marketing, Vol. 26, No. 8/9, pp. 8-24.

Wrigley, N., (2000), "the Globalization of Retail Capital: Themes for Economic Geography", the Oxford Handbook of Economic Geography, Oxford University Press, pp. 293-313.

Wrigley, N., and Currah, A. (2003), "The Stresses of Retail Internationalization: Lessons from Royal Ahold's Experience in Latin America", International Review of Retail, Distribution and Consumer Research, 13 (3), July, pp. 221-243.

青木昌彦, Garber, A., Romer, P., マッキンゼーグローバルインスティテュート (2000),「日本経済の成長阻害要因―ミクロの視点からの解析―」, マッキンゼーグローバルインスティテュート.

イオン株式会社 (2013), 2013年2月期 (第88期) 事業報告書.

伊藤元重 (2005),『新流通産業』, NTT 出版.

乾友彦, 横井のり枝 (2008),「サービス産業の国際化に向けて」,『生産性白書2008年版』, 社会経済生産性本部.

株式会社大和総研 (2013)「タイ・ベトナム・ミャンマーにおける食品市場環境調査報告書」, 農林水産省平成24年度東アジア食品産業海外展開支援事業.

川端基夫 (2000),『小売業の海外進出と戦略』, 新評論.

経済産業省 (2014)「第43回海外事業活動基本調査」(2012年度実績).

白石善章, 鳥羽達郎 (2003),「小売企業の総合業態による海外戦略」,『流通科学大学論叢―流通・経営編』第16巻第1号, pp. 83-107.

社団法人食品需給研究センター (2010),「食品企業財務動向調査報告書―食品企業における PB 取組の現状と課題―」.

鍾淑玲, 矢作敏行 (2005),「華僑系資本の中国小売市場への参入動向」, 法政大学イノベーション・マネジメント研究センター『イノベーション・マネジメント』No. 2, pp. 115-140.

田村正紀 (2004),「国民市場における小売国際化」, 大阪産業大学『流通イノベーションセンター モノグラフシリーズ』No. 058.

内閣府 (2008),「業種別生産性向上に向けた検討課題」.

中村久人 (2003),「グローバル小売企業の理論構築」, 東洋大学『経営論集』第60号.

日経 MJ 新聞 (2011),「第44回日本の小売業調査」, 2011年6月29日.

日本政策金融公庫農林水産事業本部ニュースリリース (2013)「役半数の食品企業が輸出・海外展開に意欲」(平成25年上半期食品産業動向調査

（特別設問））2013年9月11日付.

孟子敏（2008）「総合商社におけるコア機能の構造変化によるビジネスモデルの再構築」、法政大学イノベーション・マネジメント研究センター『イノベーション・マネジメント』No. 5, pp. 119-139.

森川正之（2008），「サービス産業の生産性を高めるにはどうすれば良いのか？―これまでの研究成果からの示唆と今後の課題―」，経済産業研究所 RIETI Discussion Paper Series 08-J.

矢作敏行（2000），「プライベート・ブランドの発展過程―イギリス・スーパーマーケットの場合―」，矢作編著『欧州の小売イノベーション』，白桃書房.

矢作敏行（2007），『小売国際化プロセス―理論とケースで考える』，有斐閣.

矢作敏行（2008）「中国における卸売業の展開可能性―総合商社の取り組みから―」法政大学経営学会『経営志林』第45巻3号, pp. 23-36.

横井のり枝（2009a），「小売業の国際化要因に関する実証分析―日本小売業の国際化推進への課題」，日本フードシステム学会「フードシステム研究」第16巻3号, pp. 90-93.

横井のり枝（2009b），「日本小売業の課題と小売業国際化の進展」日本大学経済学部産業経営研究所ワーキングペーパー，IBR No. 004.

横井のり枝（2011a）「流通業のアジア進出が現地に与える生産性効果への考察―ケーススタディを中心として―」日本大学経済学部経済科学研究所「紀要」第41号, pp. 231-246.

横井のり枝（2011b），「流通国際化による拠点間知識移転の現状分析―親子間知識移転との比較から―」，日本フードシステム学会「フードシステム研究」第18巻3号, pp. 251-256.

横井のり枝（2012a），「Study of Knowledge Transfer between Foreign Subsidiaries in the Retail Company: The Case of Tesco」，流通経済大

学流通情報学部「紀要」Vol. 17, No. 1, pp. 245-255.

横井のり枝（2012b），「日本の食品小売業の上位集中化傾向を考える〜関連産業への影響と方向性についての考察〜」，日本工業出版『流通ネットワーキング』，2012年9・10月号，pp. 35-39.

横井のり枝（2013），「小売業国際化推進と所有特殊的優位性の関係分析―プライベートブランド商品を対象として―」，日本大学経済学部「経済集志」第83巻第1号，pp. 49-62.

# おわりに


　国際化が叫ばれて久しい。しかし、一部の製造業を除くと世界的な
ビジネスを行う日本企業は少ない。少子高齢化により市場を広げてい
くことの必要性が真剣に議論されており、消費人口が売上高に直結す
る小売業も、市場を拡大すべく海外に進出している。しかし、その成
長は競合となる欧米小売業に比べるとゆるやかである。とはいえ、日
本小売業の海外市場進出は、戦前からはじまり、80年代には多数の小
売業がアジアに進出したことから歴史が浅いわけではない。どの市場
に進出したのか、どのような戦略で店舗を展開したのか、なぜ撤退す
ることになったのかなど、事例やプロセスの研究も豊富である。

　それでも微力ながら小売国際化の研究を進めていったのは、複数の
実務家から「この企業の事例は参考になるが、必ずしも自社の戦略に
あてはまるわけではない」というお声をいただいたことに起因する。
実際、小売国際化の研究はケーススタディによる研究や事例やヒアリ
ング調査を積み重ねて理論的なフレームを構築する研究は進んでいた
が、実証的な分析は非常に少なかった。製造業の国際化における実証
分析研究は、日本国内だけでも相当数の研究が行われており、世界的
にみると数えきれないほどの研究蓄積があるが、小売業の国際化にお
ける実証分析研究は、世界的にも乏しかったのである。

　それなら、実証的な分析に挑戦してみようと取り組みはじめたのだ
が、想定以上の困難が待ち受けていた。それはデータの少なさであ
る。まず、製造業に比べて小売業は国別企業別に整備されているデー
タが非常に少ない。次に、小売業は世界売上高上位に位置する企業の

187

中にも非上場企業が多い。それら非上場企業の業績は一部のみが公表され、詳細な数字は公表されていない。そのため、上場企業と非上場企業の両者を含めると、利益高など重要な項目の数値データ欄には空白が多くなり、分析に使用はできない。非上場企業を除いた上場企業のみのデータも整備したのであるが、売上高上位企業の約3分の1が非上場企業であることから、これもまた限定されたデータであることは否めない。まして、海外の各市場における業績となると、上場企業でも詳細を明らかにしていない企業が多い。このような困難はありながら、膨大な企業の資料を一社ずつ読み、数字を追っていきながら、現時点で筆者が得られる限りの情報を収集し、データベースを構築した。したがって、本書で行った実証分析で使用したデータは、制約がある中で構築した世界売上高上位企業のデータベースである。そのため、分析結果は制約があるデータで行った結果であり、100％満足な分析結果とはいえない。この点については、分析手法も含めて今後の課題である。

それでも、事例等で指摘されてきた要因が実証分析においても有意、つまり要因として影響を及ぼすということを明らかにできた。どの要因を優先に国際化を進めればよいのかと悩む実務家の方々にとって、多少なりとも一助となれば幸いである。


本書の基本的な枠組みは筆者の博士号取得論文をベースとしている。しかしながら、目まぐるしく変化する国際小売状況を鑑みて、刊行にあたり一部を加筆修正している。また、小売国際化研究を継続していく中で、さまざまな課題が抽出された。それらについて研究をすすめ、その成果を新たに執筆し本書に寄せている。

なお、本研究成果については、平成25－27年度科学研究費補助金・基盤研究（C）（課題研究番号25380316）の補助を受けたことにより実

おわりに

現した。この助成により、海外小売業の詳細データを入手すること、また海外企業へのヒアリング調査を行うことが可能となり、研究を深めることができた。とくに海外小売業の詳細データの入手は困難であり、さまざまなデータを収集しなければデータベースが構築できない状況にあった。本助成がなければ、データを用いた実証分析研究をすすめることができなかった。10年分のデータをもとに分析を行い、より一般化に近づけた成果を出すことができたのは、本助成のおかげである。記して謝意を表したい。そして、同基盤研究（C）の共同研究者である学習院大学 乾友彦教授には、本書を構成し執筆するにあたって貴重なご助言をいただいた。長年にわたり手厚くご指導いただいていることと合わせて、深甚なる謝意を表したい。

　また、本研究の基盤となる研究のひとつは、日本大学経済学部経済科学研究所共同研究の助成により進めることができた。記して謝意を表したい。この共同研究の場でご指導くださった同大学経済学部 曽根康雄教授、権赫旭教授、論文執筆においてご助言いただいた井尻直彦教授、小滝一彦教授、手塚広一郎教授をはじめ諸先生方に心より感謝の念を申し上げる。

　本書の研究は、所属学会における全国大会で発表の機会を得て、貴重なご意見やご指導を賜ったことにより推敲を重ねることができた。日本フードシステム学会では、千葉大学 斎藤修名誉教授、東洋大学経営学部 菊池宏之教授、日本大学生物資源科学部 下渡敏治教授、中央大学商学部 木立真直教授をはじめとする諸先生方、日本産業経済学会では立教大学経営学部 有馬賢治教授、国学院大学経済学部 宮下雄治准教授をはじめとする諸先生方、そして日本国際経済学会においてはセッションにて数多くご指導いただいた諸先生方に、この場を借りて厚く御礼申し上げる。

　また、筆者はかつて経済産業省「小売業の国際展開に関する研究

会」（2007年度）に関わり、小売国際展開に向けての現状調査を担当していた。同研究会では学識者の諸先生方および企業代表の皆様から貴重なご意見を伺う機会に恵まれた。とくに座長でいらした法政大学矢作敏行名誉教授、そして関西学院大学商学部 川端基夫教授には、調査研究の手法や日本小売業の国際展開への課題を御教示いただいた。厚く謝意を申し上げる。

　研究を進めるにあたっては、国内外を問わず、多くの実務家より実際の課題や取り組みなどを御教示いただいた。それにより、どのような研究が求められ、何を明らかにすればよいのか、また新たな研究課題などをいただくことができた。この場を借りて謝意を表したい。

　本書刊行にあたっては、流通経済大学の助成により出版が実現した。拙書に対し惜しみなく助成してくださった流通経済大学には、感謝の意を表したい。この出版助成審査にあたっては、流通経済大学百合本茂教授から貴重なご意見をいただき、推敲を重ねることができた。推敲にあたり、出版会の齊藤哲三郎氏、長友真美氏にはご尽力をいただいた。両氏には記して謝意を表したい。

　最後に、本書の出版を進めるにあたり、ご支援、ご協力をいただきながら、ここにお名前を記すことができなかった多くの方々に心より感謝を申し上げ、結びとさせていただく。

2016年11月吉日

## 【著者紹介】

**横井 のり枝**（よこい　のりえ）

早稲田大学社会科学部卒業。外資系コンサルティング会社等を経て
2011年より流通経済大学に在職。

現在、同大学流通情報学部准教授。博士（経済学）。

**小売業の国際化要因**
―市場拡大時代における日本小売業の将来性―

発行日　2017年1月23日　初版発行
著　者　横　井　のり枝
発行者　野　尻　俊　明
発行所　流通経済大学出版会
　　　　〒301-8555　茨城県龍ヶ崎市120
　　　　電話　0297-60-1167　FAX　0297-60-1165

ⓒ N. Yokoi, 2017　　　　　　　　　　Printed in Japan/ アベル社
ISBN978-4-947553-71-3 C3063 ¥2700E